アメリカのユダヤ人迫害史

佐藤唯行
Sato Tadayuki

a pilot of wisdom

JN282073

目次

◎第一章……

ユダヤ人青年実業家レオ・フランクのリンチ殺害事件

――一九一三年から一五年のアトランタ――

一九〇二年七月三〇日の反ユダヤ暴動
住宅への入居をめぐる競合
何故アイルランド系だったのか
ポリース・ブルータリティを生み出した背景
蛮行を許したものは何か
警察の蛮行に対する調査委員会の発足
果たされた神の復讐

◎第三章……

自動車王ヘンリー・フォードの汚点
——その七年間にもわたる反ユダヤ・キャンペーン——

ヒトラーに霊感を与えた男
反ユダヤ・キャンペーン始まる
世に放たれた世紀の偽書『シオン賢者の議定書』
ナチスの聖典になった『国際ユダヤ人』
読者は誰であったのか

プロローグ　自由と民主主義の国の隠された顔

反ユダヤ主義を問うことの意味

わが国では過去においても今現在においても、ユダヤ人は事実上、限りなくゼロに近い存在でしかなかった。また反ユダヤ主義が現実的な影響力を持つ政治運動や社会運動の舞台に出現したこともない。だが、それにもかかわらず古くは一九二〇年代以降、今日に至るまで、帝政ロシアやナチスドイツで流行した獰猛《どうもう》とも思える反ユダヤ主義と寸分たがわぬキャンペーンが、わが国においても書物や講演を通じて人々をひきつけ、時にはブームとさえなったこともまた事実である。

とりわけ一九八七年以後、アメリカ国内のユダヤ人団体からの抗議が相次ぐなか、日本における反ユダヤ主義的出版物のブームが、日米摩擦の新たな火種にもなったことをご記憶になっている方も多いと思う。

それればかりではない。一九九五年には「ナチスによるホロコーストは存在しなかった」という欧米の反ユダヤ主義者たちの虚説をろくに検証もせず、安易に記事として掲載してしまったために、文藝春秋発行の雑誌「マルコポーロ」が廃刊に追い込まれてしまった事の顚末。さらに一九九九年一〇月には、米系投資会社による「長銀買収の背後にユダヤ系金融資本の強い意志が働いている」という内容の記事を、確たる証拠のないままに「血税五兆円を食うユダヤ資本人脈」という大見出しのもとに掲載してしまったため、「週刊ポスト」がユダヤ人団体の激しい抗議にあい、謝罪を余儀なくされたことの顚末は、まだ人々の記憶に新しいところである。

このように反ユダヤ主義とはすぐれて欧米人だけの問題ではなく、すでに我々日本人自身も内に抱え込んでいる今日的な問題でもあるのだ。だからこそ反ユダヤ主義について正しい歴史認識を培うことは、我々日本人にとっても時宜にかなった大切なテーマなのである。

本書の目的は、アメリカで発生した最も特徴的な反ユダヤ主義的事件や現象の真相を解明していくことにあるのだが、その作業は長年にわたって反ユダヤ主義者たちが主張してきた「否定的ユダヤ人像」「ユダヤ人陰謀論」に対する歴史学の側からの、学問的反証となるはずである。

何故アメリカなのか

今日、世界にはおよそ一二九〇万人のユダヤ人が存在すると推定されているが、その実に四三パーセントの人がアメリカ一国に集中している。アメリカは、「ユダヤ人の国」イスラエルをしのぐ世界最大のユダヤ人口を擁する国なのである。彼らはこの国の経済、文化、学問、芸術の各分野に優れた人材を輩出し続け、アメリカの発展に多大な貢献を果たしてきた。政治の表舞台においてさえ、彼らは目覚しい活躍を見せている。例えば、第一次クリントン政権（一九九六年時点）の正規閣僚一四人のうち、実に四人までがユダヤ人で占められていたことは、そのよい例証である。その四人とは、コーエン国防長官、ルービン財務長官、ライシュ労働長官、そしてカトリック教徒として育てられながらも、みずからのユダヤ系の出自について誇りを抱き、それ故に、多くのアメリカ・ユダヤ人から自分たちの「同胞」とみなされているオルブライト国務長官である。

創造的活力にあふれた彼らの存在をぬきにしてはもはや、今日のアメリカは語れないといっても過言ではない。二〇〇〇年にも及ぶ、長い離散《ディアスポラ》の歴史を耐えぬいてきた後に、彼らは二〇世紀のアメリカに「安住の地」を築き、ようやく繁栄の時期を迎えたともいえよう。

しかし、その一方で彼らは、この国においても反ユダヤ主義と闘い続けた長い歴史を持っていた。反ユダヤ主義は決してナチスドイツや帝政ロシアにだけ固有な現象ではなかったのである。「自由と民主主義」の旗印を掲げたアメリカという国においても、実は深刻な反ユダヤ主義の歴史が存在していたのである。

ここで反ユダヤ主義という視点に立ち、「ユダヤ人にどのような処遇を強いてきたのか」という尺度に照らして、この国の歴史を見直すならば、従来の視点からは見落とされてきたアメリカ社会の新たな特質が見えてくるはずである。

ユダヤ人とは誰なのか

「ユダヤ人とは誰なのか」という問題には実に多くの議論が存在し、この問題だけで優に一冊の本が書けてしまうほどである。それゆえ、本書でいうユダヤ人とはいったい誰をさすのか、その概念規定をここで明確にしておこう。

本書でいうユダヤ人とは、ユダヤ人連盟評議会《カウンシル・オブ・ジューイッシュ・フェデレーション》が後援した一九九〇年度の全米ユダヤ人口統計調査において「ユダヤ人口の中核部分《コア・ジューイッシュ・ポピュレーション》」と定義された集団をさしている。それは「宗教によって、自らをユダヤ人とみなしている者」と「宗教よりも、むしろ文化、エスニシティー（民族性）により、自らのユダヤ人性を規定している者」、その両者をともに含む集団である。

前者はユダヤ教徒であり、後者はいわゆる「ユダヤ教離れのユダヤ人」「世俗的なユダヤ人」である。そして前者はユダヤ人社会の中核的な部分を形成し、後者はその周辺部分に身を置く人々である。人数的にみれば、前者は全体の五分の四（四三九万五〇〇〇人）、後者は五分の一（一一二万人）に相当する。本書では、この両者をともに含めた集団をユダヤ人と規定し、話を進めていくことにしよう。

反ユダヤ主義のさまざまな形態

反ユダヤ主義とは、ユダヤ人がユダヤ人であるがゆえに被る抑圧の諸形態と、その抑圧を正当化する思想を総称する言葉である。

そのなかには、⑴物理的な暴力行使、⑵社会・経済的な排斥、⑶イデオロギー的反ユダヤ・キャンペーン、⑷宗教的反ユダヤ主義、が含まれる。

⑴はユダヤ人の身体に直接危害を加えたり、ユダヤ教施設に対する破壊行為などを意味している。本書では第一章、第二章、第六章で、それぞれリンチ殺害事件、暴動事件、ユダヤ教会堂爆破事件を扱う。

⑵は就学や就職、昇進の際などに加えられる排斥や差別を意味しており、これはユダヤ人が日常的な市民生活を営むうえで、最も深刻な抑圧となった。この問題は第五章で主に扱う。

⑶は言葉や活字、その他のメディアによる誹謗行為を意味しており、第三章でこの問題を検討する。

⑷はキリスト教の教義自体に内在したユダヤ人への敵意、及びキリスト教徒の意識の深層に脈々と受け継がれた、中世キリスト教会を起源とする否定的ユダヤ人像を意味している。本書では第四章でこれを扱う。

以上、四つの形態を収録する本書は、一般読者を意識した物語性の高い読み物とするために、あえて教科書風な網羅主義的叙述を避け、アメリカ史上最も劇的な展開をみせた六つの反ユダヤ主義的事件・現象に焦点を定めた。そういう意味で本書は、反ユダヤ主義の事件史であるともいえるだろう。しかし同時に、本書を通じてアメリカの反ユダヤ主義の全体像を理解し、通史的展望が持てるようにも配慮した。

例えば、反ユダヤ主義が本格化する以前の前史（植民地時代から一九世紀後半まで）については、このプロローグで概観し、一九六〇年代中頃から一九九〇年代の最新の状況に関しては、エピローグでこれを俎上《そじょう》にのせている。また地域的バランスという点にも配慮し、北部と南部、都市と農村を舞台にした事件を片寄りなく取り上げたつもりである。

人は本書の読者になることで、アメリカという国でユダヤ人たちが被ってきた抑圧の歴史的全体像を知り、また彼らがいかにその抑圧と闘い、自らを守りぬいてきたのか、その苦闘の足跡を知ることになるだろう。

反ユダヤ主義の起源

異民族に対する敵意という感情は、太古の昔から連綿と続いてきたわけではない。それは歴史上のある特定の発展段階で、その時その時の固有な政治・経済的環境のなかで生み落とされたものなのである。例えば、わが国における朝鮮・韓国人に対する蔑視や差別も、その起源は豊臣秀吉の朝鮮侵略などを別とすれば、せいぜい幕末、明治期にまでしかさかのぼれないはずである。それ以前のわが国での、かの国の人々への眼差しが、儒教文化圏の先達に対する敬愛の念に満ちたものであったことは、さまざまな史料が物語っている。

同じことはユダヤ人にもあてはまる。

ヨーロッパにおいて反ユダヤ主義が確立されるのは、一般的には一二〜一三世紀になってからのことで、この時代はちょうど十字軍遠征の時代と重なる。イスラム教徒から「聖地」奪還をめざすキリスト教的な「聖戦意識」が発揚された時、ヨーロッパ世界の内なる異教徒ユダヤ人に対してもまた、憎悪の目が向けられるようになったのである。

この時代はまた、貨幣経済システムが出現した時代でもあった。当時新たに出現しつつあった貨幣経済システムに直面し、古い倫理観にとらわれていた土着のキリスト教徒たちは、このシステムに十分適応できず、不安を募らせていた。彼らは、貨幣を思いのままに操り、消費者金融業の中心勢力としていち早く巨万の富を蓄えはじめたユダヤ人に対して、「恐れ」の念を抱くようになったのである。この「恐れ」を「蔑視」に転化したのが、中世キリスト教会であった。ユダヤ人は「キリスト殺しの民」であり、その罪のゆえに永遠に隷属的地位におとしめられるべきであるという教えが教会によって確立され、教会法規のなかにさまざまな差別規程

キリスト教徒の店を乗っ取るユダヤ人実業家を描いた反ユダヤ主義的戯画(1882年)

が制定されたのである。

アメリカにおける反ユダヤ主義の特色

中世ヨーロッパで生まれた反ユダヤ主義は、ヨーロッパ系移民が築いたアメリカ社会にも移民たちを通じて移植されていった。だが、アメリカで出現した反ユダヤ主義はただ単に、ヨーロッパの伝統を受け継いだものばかりではなかった。アメリカ固有の社会状況や経済環境のなかで独自に生み出された、いわば「アメリカ的特色」がいくつか確認できるのである。

例えばそれは、法的措置に基づいた政府主導型の反ユダヤ主義がなかったこと。市民的・宗教的自由が歴史的に尊重され続けてきたアメリカでは、政府や教会によって反ユダヤ主義が制度化されることは、ついになかったのである。

アメリカの歴代政府は多くのヨーロッパ諸国の政府と異なり、反ユダヤ主義を政治的に利用することはなかった。アメリカに出現した反ユダヤ主義は、いわば私的生活領域における反ユダヤ主義であり、その水準もヨーロッパ大陸諸国と比べれば、社会・経済的排斥の分野を除けば、相対的に穏やかなものであったといえよう。だからこそ、ユダヤ人はこの国を新天地として選び、移住したのである。

第二の特色は、人種・民族集団の重層的な対立構造のなかで反ユダヤ主義が生み出されたという点である。多人種多民族国家であるアメリカでの反ユダヤ主義は、ただ単に、先住の白人多数派キリスト教徒対ユダヤ人という、一元的な対立の図式からだけではなく、その他の被差別少数派集団対ユダヤ人という重層的な対立図式のなかからも生み出されていったものであった。

例えば、一九世紀末から二〇世紀初めにかけての北部諸都市では、ワスプ（WASP＝アングロ・サクソン系白人でプロテスタント）から劣格視されたアイルランド系移民がユダヤ人攻撃の担い手になったことは注目に値する現象である。また最近の三〇年間だけ眺めてみれば、人口の一二パーセントを占める黒人が反ユダヤ主義の主要な担い手となりつつあることがわかる。ヨーロッパの歴史には類例のない「黒人による反ユダヤ主義」が誕生したのである。

三番目の特色は、社会・経済的排斥、とりわけ高等教育機関における排斥が相対的に激化した点である。これはアメリカと同様、市民的権利が歴史的に尊重され、成熟した民主主義国家である英国と比べると、より明瞭に見えてくる。

それはどうしてなのか。英国では教育を足がかりに社会的地位の上昇をめざすエートス（気風）は比較的弱く、ホワイトカラーや専門職従事者による「地位を求める競争」がエスカレートすることはなかった。これは英国が伝統的な階級社会であり、歴史的にも労働者層と中産層とのあいだには越えがたい溝が存在していたからである。

一方、アメリカ社会には、アメリカン・ドリームという言葉に代表されるように、社会の底辺から身をおこし、上昇をめざすエートスが古くから国民文化として根づいていた。このような社会では必然的に「地位を求める競合」も激しくエスカレートし、競争の場に新規に参入する部外者、とりわけ競争力に抜きんでていたユダヤ人に対して、ことさら厳しい排斥が加えられるようになったのである。アメリカが他の国よりも自由な競争社会であったがために、より激しい排斥が起こるといった皮肉な現象が生まれたのである。

結果的に高等教育機関での排斥だけに限定してみると、アメリカのそれはナチス台頭以前のワイマール期のドイツを含めた西欧の状況よりも、むしろ激しい展開をみせたといっていいだろう。

反ユダヤ主義の前史——植民地時代

アメリカ史において反ユダヤ主義はいつ、いかなる理由によって生み出されたのであろうか。次にその前史を概観してみよう。

アメリカの前身、英国領北米植民地にユダヤ人が初めてやってきたのは一六五四年のこと、それはスペイン・ポルトガル系ユダヤ人であった。彼らはボストンやニューヨークなど、大西洋岸の六つの港町を拠点に貿易に従事する富裕な商人とその従属者であった。もとよりその数はきわめて少なく、植民地時代末期の一七七〇年でさえ総人口二〇〇万人のうち、推定一〇〇〇人から二五〇〇人にすぎなかった。

北米植民地に生きた大半のキリスト教徒の住民は、イエスを救世主として受け入れようとしないユダヤ人は拒絶すべきだという、中世ヨーロッパ起源の宗教的反ユダヤ主義をその意識下に潜ませていた。しかし、日常生活のなかでユダヤ人を口汚く罵《ののし》ったり、差別、攻撃したりする者はめったに見られなかった。反ユダヤ主義はいわば社会の地下水脈として、まだ人々の意識下に流れているだけだった。

実際ユダヤ人は、この地でおおむね歓迎されていたといってよい。何故なら、英国政府は商業の発展に貢献するあらゆる植民者を、北米植民地へ積極的に招く政策を採用していたからである。また何よりも当時の北米植民地は慢性的な人手不足に悩まされており、白人でありさえすれば新しい社会の建設のための一員として迎えられたからである。

植民地時代の末期までにユダヤ人たちは、旧大陸のゲットーに隔離されていた同胞に許されていなかったさまざまな市民的権利を、この地で獲得していった。それは職業選択の自由、信仰の自由、居住と移動の自由、結婚の自由など市民的権利の根幹をなすものであった。

とはいえ、ユダヤ人がキリスト教徒とまったく同等な法的地位を享受していたというわけではない。大半の英領植民地はまだ政教未分離の状態に置かれていたため、公職就任権や植民地議会の議員選出のための投票権は、法的にキリスト教信仰者のみに制限されていたのである。しかし、ユダヤ人に対するこのような法的差別も、独立革命後に発布された合衆国憲法で政教分離の原則が確認されたことにより、各州でも州憲法にある差別条項を削除する動きが次第に広まり、一八七七年のニューハンプシャー州を最後に条文上は、完全に消滅したのである。

公職への進出

一七八七年に制定された合衆国憲法は、特定の信仰の信徒にしか公職就任を許さない制度を否定したことが、その大きな特色のひとつであった。これによりユダヤ人は、少なくとも連邦政府レベルではすでに建国期に、ヨーロッパ諸国では続いていた公職就任からの排斥を免れた

ユリア・フィリップス・レビィの肖像画（1815年頃）

のである。アメリカ建国の父たちは宗教を重んじる人々ではあったが、憲法によって特定の宗教を支えようとは考えなかったからである。

こうした原則が存在したからこそユダヤ人はアメリカで、政界や官界に進出し、また数こそ少ないものの、陸海軍の士官に任官することもできたのであった。その一例をあげれば一八四五年、フロリダが州に昇格した際、六万六五〇〇人の州民のうち、わずか一〇〇人以下にすぎなかったユダヤ人住民のなかから、デービッド・ユーリーが初代の連邦上院議員に選出されたことは注目に値する。

だが、こうして公職に就任したユダヤ人が同僚から温かく迎えられ、居心地のよさを感じながら仕事ができたかどうかとなると、それはまた別の問題であった。

一八一〇年代から三〇年代のアメリカで最も有名なユダヤ人の公職者モーディケィ・マニュエル・ノア（ウィーン駐在アメリカ大使などを歴任）の実例が示すように、政敵たちからその宗教的出自を中傷され続けたユダヤ人公職者は珍しくなかったのである。

ユダヤ人として一八一七年、史上初の合衆国海軍士官に任官したユリア・フィリップス・レビィは、その軍人としての半世紀に及ぶ生涯を通じて、ユダヤ人であるがゆえに同僚の侮蔑や冷遇と闘い続けることを余儀なくされたひとりであった。しかし、そんな同僚たちも、彼が准将になり、地中海艦隊の指揮官の地位にまで昇りつめることを妨害することはついにできなかったのである。ただ、海軍将校団という階級昇進をめぐる「競争社会」での彼の個人的体験は、アメリカ社会が地位というものに一層敏感になった時に発生する、のちのユダヤ人排斥の予兆となるものであった。

イデオロギー的反ユダヤ・キャンペーンの起源

ユダヤ移民の第二波はドイツ語圏中欧出身のドイツ系ユダヤ人が主で、一九世紀中頃から一八八〇年頃にかけて、およそ二〇万人が渡米してきた。移民の理由は、(1)本国で産業革命が進展した結果、ユダヤ人が従事してきた伝統的手工業が没落してしまったこと、(2)ドイツ諸邦の多くが彼らに対して職業選択の制限、結婚許可の制限など、さまざまな法的差別を実施していたからであった。

こうした逆境に置かれた若いドイツ系ユダヤ人に、将来の地平を自力で切り開くことができるかもしれないという希望を与えたのは、一八四八年の三月革命で盛り上がった革命的気運であった。だが革命は挫折し、同年末までに旧支配者たちが再び権力の座に復帰すると、これに失望した多くのユダヤ人が新天地を求めて、アメリカへ渡ったのである。

渡米した彼らのなかから、驚くほど大勢の者が驚異的な速さで、経済的上昇を遂げていった。貧しい行商人から身をおこした彼らは一世代を経ずして小売商店主や卸売商へと立身出世し、さらに幸運に恵まれたひとにぎりの人々のなかからは、投資銀行や百貨店の創業者としてアメリカ経営史にその名をとどめる者も出てきた。

このアメリカ史上類例をみないドイツ系ユダヤ人の経済的成功のスピードは、彼らを他の人々の怨嗟《えんさ》の的にしてしまったのである。そして、彼らの成功とその能力に対する反感が世間に満ちあふれるようになったのは、ちょうどアメリカを二分した内乱、南北戦争の時期（一八六一〜六五年）であった。

物資の窮乏と軍事的脅威の挟み撃ちにあった国民は、その不安や不満のはけ口として、ユダヤ商人を真っ先に非難するようになった。北部と南部、その双方において世論や新聞は、戦時利得者、利敵行為によって祖国を裏切る不忠の輩としてユダヤ商人に対する非難の大合唱を始めた。これはアメリカ史上、大きな盛り上がりをみせた最初のイデオロギー的反ユダヤ・キャンペーンであったが、やがて南北戦争も終わり国家的危機が去ると、急速に鎮静化していった。

社会・経済的排斥の起源

南北戦争の終了から一八九〇年代までの時代は「金ピカ時代」と呼ばれている。それは未曾有の経済ブームのなかから雨後のタケノコのごとく現れた人間類型、にわか成金たちが、これみよがしに富をみせびらかしあう俗悪な世相を反映した言葉であった。

そんな成金たちのあいだに地位と特権を求める競争が激化していくなか、同じレベルの富を持つユダヤ人の成金を「地位を求める競合」の場から追い落とす手段として、ユダヤ人に対する「社会・経済的排斥」が生み出されたのであった。成金たちは、ユダヤ人の成金たちとの差別化をはかることで、自分たちのほうが伝統的エリート層により近い存在であることを示そうとしたわけである。

この動きは一八七〇年代以後、北東部を中心に地域的偏差をはらみながら社交界、社交クラブ、保養地のリゾートホテル、私立の名門プレップ・スクールなど、いわば「エリート度の高い」分野にほぼ限定されて広がっていった。しかし、一般のホワイトカラー職や専門職に職を求める際や、それらを養成する高等教育機関への入学に際して、ユダヤ人の進出がまだそれほど脅威であるとは感じられておらず、これらの分野での排斥はいまだ始動してはいなかった。

何故なら、一八七七年の時点ではまだ全米のユダヤ人口は二三万人、全人口の〇・五パーセントにすぎず、彼らの人口的圧力は小さなものにとどまっていたからである。

ユダヤ移民の第三波は東欧系ユダヤ人によるもので、一八八一年から一九二〇年にかけて約二〇五万人ものユダヤ人が渡米してきた。それは先に来住したドイツ系ユダヤ人の一〇倍にも相当する人数であった。

彼らの移住理由は、故国での迫害、法的差別、そしてドイツ系と同じように、資本主義化の進展によって彼らの伝統的手工業が大きな打撃を受けたためであった。わずか一世代のうちに尨大《ぼうだい》な数の、しかも非同化志向の強い東欧系ユダヤ移民を迎えた世紀転換期のアメリカ社会では、時を同じくして、反ユダヤ主義的事件や現象も現れはじめるのだが、その具体的な検証は第一章、第二章にゆだねることにしよう。

第一章　ユダヤ人青年実業家 レオ・フランクのリンチ殺害事件

一九一三年から一五年のアトランタ

メアリー・フェイガンの墓前にたたずむアロンゾ・マン

七〇年目の審判

一九八二年三月上旬、ジョージア州アトランタの北隣にある田舎町、マリエッタの共同墓地をひとりの老人がひっそりと訪れていた。やがて老人はひとつの白い墓石を探しあて、その前に悄然と立ち尽くした。彼はその墓の主に向かって静かに何かを語りかけていた。

実は、この老人はこの墓参りの直前、八二年三月四日、七〇年近くにもわたる長い沈黙を破り、一九一三年四月二六日、アトランタで発生した史上名高いある殺人事件の事実関係をくつがえす歴史的な証言を行ってきたばかりであった。

その殺人事件の被害者は当時一三歳、白人の女子工員メアリー・フェイガンで、彼女こそそこの墓の主でもあった。老人ことアロンゾ・マンは当時一四歳の少年で、アトランタにあるナショナル鉛筆工場で工場長付きのオフィスボーイとして働いていた。殺されたメアリーも同じ工場に勤めており、ふたりは顔見知りの間柄であった。そしてこの少年の直属の上司こそ、メアリー・フェイガン殺害の濡れ衣を着せられ、刑務所に収監中であったにもかかわらず暴徒の手によって拉致《らち》され、リンチ殺害という非業の死をとげたユダヤ人青年実業家レオ・フランクその人であった。

事件当日の四月二六日は折しも南部連合記念日にあたり祝日であった。マン少年はこの日、母親と一緒にパレードの見物に行く予定になっていた。しかし、約束した時間に待ち合わせの場所に母親が現れなかったため、たまたま勤務先の工場に立ち寄ったのである。

ところが、人気のない工場の地下室で偶然、少年が目撃してしまったものは、ぐったりとしたメアリーの白い肢体を肩にかついで、どこかに運び去ろうとするズングリとした体型の黒人の姿であった。少年は恐怖のあまり一瞬その場に立ち尽くした。少年の気配はたちまち黒人の気づくところとなった。

黒人は地下室の薄暗がりのなか、震える少年を睨みつけるようにしながらゆっくりと近づくと「もしこのことを口外したら、お前を殺す」と恐ろしい形相で脅迫する。黒人の名はジム・コンリー、工場の清掃作業員として傭われていた二七歳のこの男は、平素よりその素行の悪さ

鉛筆工場の地下室で、ジム・コンリーを目撃したアロンゾ・マンを描いた新聞のイラスト

で、黒人仲間からも信用されていない札付きの男だった。

当時、フランクの無実を晴らすことができる唯一の目撃者であったこの内気な少年は、良心の呵責《かしやく》に苛《さいな》まれ続けながらも、ついに自分が目撃した事実を誰にも告白することができなかった。

しかし、それから七〇年近くの歳月が流れ、余命いくばくもない齢《よわい》八三歳を迎えた彼は、ついに事件の真相を公表する決意を固めたのである。

「メアリー・フェイガンは、フランクにではなくジム・コンリーに殺されたのだ」という彼の新証言の内容は南部の有力紙「ザ・テネシアン」に詳細に掲載され、これを機に事件はおよそ七〇年ぶりに全米の注目を集め、その全貌は『メアリー・フェイガンの殺害』（邦題『七〇年目の審判』）というタイトルで映画化され、これまた話題を集めた。

このアロンゾ・マンの衝撃的な新証言と、その直後に湧き起こったユダヤ人団体によるフランクの名誉回復を求める運動の高まりのなか、独自の調査を進めてきたジョージア州政府もついに一九八六年三月一一日、フランクに対して死後赦免を与える決定を下した。そして、無実の男フランクに冤罪《えんざい》による悲劇的な死をもたらした当時の州司法当局の過ちを認め、公式に謝罪したのだった。

目撃者による黙殺という不運はあったものの、レオ・フランクは何故、無実の罪を着せられ、みすみす暴徒の凶手によってリンチ殺害されてしまったのであろうか。我々はその疑問と原因を解明するために、まず「フランクが殺害した」と当時信じられていたメアリー・フェイガンの実像に迫ってみよう。

「我らが幼き女子工員《アワー・リトル・ファクトリーガール》」

二〇世紀初頭、アメリカ南部の丘陵地帯に暮らす小農民たちは厳しい現実に直面していた。彼らを苦しめていたのは、国内農業の慢性的な生産過剰と海外農産物との価格競争であった。彼らの多くは負債返済のため土地を手放し、近隣の都市へ続々と流入していった。

一九〇〇年から一九一三年の間に倍増したアトランタの人口の大半は、こうした農村からの離脱者で占められていた。彼らは、農民的出自を色濃く残した未熟練労働者として、都市での労働生活を支配する新たなメカニズムに適応できず、次第に不満を募らせていた。殺されたメアリー・フェイガンは年端もいかぬ少女ではあったが、そのような不満層のひとりであった。

彼女はアトランタの北隣の集落マリエッタで、貧しい借地農の娘として一九〇〇年に生まれた。フェイガン家はその親戚一族とともに、古くからこの地に住み続けているスコッチ・アイリッシュ系のネイティブ白人であった。ネイティブ白人とは新来の移民ではなく、古くからアメリカに定住している白人をさす。この地のネイティブ白人は一八世紀に集団で渡来してきたスコッチ・アイリッシュ系の子孫と、アングロ・サクソン系の子孫たちで占められていた。

それでは何故、新移民たちはこの地に入ってこなかったのか。一八八一年から一九二〇年にかけて渡米してきた二〇〇〇万人近い東南欧系の新移民たちは、安価な黒人労働者と雇傭市場で競合することを嫌って、南部へ移り住む者がほとんどいなかったからである。それゆえ、当時の南部、とりわけ内陸の丘陵地帯にあるマリエッタのような集落は、全米でも最も同質的なネイティブ白人社会がその原形をとどめていて、スコッチ・アイリッシュ系の子孫たちもその強固な同族意識を、よくも悪くも保ち続けることができたのであった。

フェイガン家の悲しい物語も、一家が負債のため農場から立ち退くよう迫られた時から始まった。住み慣れたマリエッタに別れを告げた彼らは、アトランタの場末にあるベルウッドの朽ちかけたバンガローに移り住むことになった。そこは没落した離農者が多く住む貧民街であった。

父は家族の生活を支えるために、一日一四時間も、近くの綿紡績工場で懸命に働いていた。貧しくみじめな暮らしのなかにも、誇らしい思い出はあった。近隣でも評判の器量よしメアリーが、一家の所属する南部バプテスト派の教会芝居の出し物『眠れる森の美女』で主役を射止めたのである。

しかし、幸運の女神が長く一家に微笑み続けることはなかった。工場での過酷な労働がたたって、一九一一年、実父が病死してしまったのである。

メアリーの母は残された六人の子供を養うために、夫と同じ綿紡績工の男性と再婚。メアリー自身も死の一三か月前から家計を支えるためにナショナル鉛筆工場へ、時給一二セントの女子工員として働きに出るようになっていた。

そもそもメアリーが南部連合記念日のパレード見物に出かける途中、わざわざ勤務先に立ち寄って、災難に遭遇してしまったのも、休日出勤しているはずの工場長フランクから、わずかな給料をもらおうとしたからであった。

このような人生を若くして歩まざるを得なかった彼女の死を、当時アトランタ市人口の過半数を占めていたネイティブ白人労働者層の人々は、どのように受けとめていたのであろうか。彼らは彼女の殺害を、単なる一隣人の受難としてではなく、自らに日常的に加えられている抑圧の象徴として受けとめたに違いなかった。

何故なら、フェイガン家と同様に、没落した離農者という出自を共有していた彼らにとって、この哀しくも凄惨な若い女子工員の死は「苦境に落とされた自分たちの明日を暗示するもの」と思えたからである。

すなわち、スコッチ・アイリッシュ系としての民族的出自、所属宗派（南部バプテスト派）、やせた土壌の丘陵地帯の小農民、負債のため離農してやむなくアトランタへ流入してきた転落の軌跡、過酷な工場労働による家族の死と貧困、これらすべての共通体験が絆となって、はかなく散った彼女と生き残った人々を堅く結びつけていたのである。

北部からやってきた民衆の搾取者

それに対し、事件の一方の主人公レオ・フランクは恵まれた人生を歩んできた青年であった。一八八四年、ドイツ系ユダヤ人の中産階級の家庭に生まれた彼はニューヨーク市内で何不自由ない少年時代を過ごし、名門コーネル大学で機械工学を学んだ。そして一九〇八年、彼は運命の糸に操られるようにアトランタへやってきた。伯父モーゼスとその他数人からなるドイツ系ユダヤ人企業家が共同所有するナショナル鉛筆工場の経営を任されたからであった。

社主たちはフランクの能力を高く評価し、鉛筆製造の最新技術を学ばせるために、大学を卒業したばかりのフランクを九か月間ドイツへ留学させたほどであった。フランクもその期待に応えるべくアトランタに赴任すると、一七〇人の従業員を率いて工場経営に全力を傾けた。

一九一〇年一月、フランクはアトランタのドイツ系ユダヤ人社会の名門、企業家セリグ家の娘ルシールと結婚。名門と縁組みした青年実業家として、彼はアトランタ・ユダヤ人社会においても急速にその地位と威信を確立していった。そして、殺人事件が起こる直前の一九一三年には、フランクは全国的なユダヤ人友愛団体「神約の子等《ブネイ・ブリス》」のアトランタ支部長にも選出された。若くしてこの名誉職に選ばれたことからもわかるように、彼の前途はまさに洋々たるものに見えた。

だが、このような彼の経歴や地位こそ事件の伏線をなすもの、そのほとんどす

レオ・フランク

べてが、ネイティブ白人労働者たちの反感を呼び覚ますものであったといえる。すなわち、北部の出身者――南北戦争の敗者である南部の人々の、北部人への敵愾心《てきがいしん》は当時まだ根強く残っていた――であること。大学卒の肩書き。工場経営者つまり民衆の搾取者であり、そして何よりもユダヤ人であったからだ。

アトランタ・ユダヤ人社会と反ユダヤ主義の芽ばえ

事件の前年、一九一二年のアトランタには市総人口の二・三パーセントに相当する三八〇〇人のユダヤ人が暮らしていた。これはアトランタが、南部ではニューオリンズに次いで二番目に大きなユダヤ人社会を擁していたことを意味した。そのユダヤ人口の約六割は最近来住したばかりの東欧系ユダヤ移民で、またその八割が行商もしくは小売商人であった。

その異国風の服装、習俗。宗教的戒律を守り、イディッシュ語という耳慣れぬ言葉を日常語として話す彼らの姿は、コミュニティ内の同質性を強く求める南部のネイティブ白人社会のなかでは異人視されていた。そのため彼らが、ネイティブ白人を顧客として獲得することは難しく、主に黒人相手の小規模な商売で生計を立て繁盛してはいた。

一方、東欧系よりも一～二世代前から南部に移住していたドイツ系ユダヤ人は、はるかに裕福で同化志向も強い人々であった。彼らのなかから、南部最大の百貨店リッチ社の社主リッチ家、アトランタ市最大の企業フルトン・バッグ&コットン社の社主エルザス家、ドライフュス家など、市の実業界を代表する第一級の企業家が輩出し、綺羅星《きらぼし》のごとくその名を連ねていた。

そして、東欧系、ドイツ系、この相互に異質なユダヤ人集団は、アトランタそしてジョージア州全体においても、数的に最大の移民（外国人）集団を形作っていたのである。

もともと南部においては、反ユダヤ主義は北部に比べ歴史的に希薄であった。その原因は黒人奴隷制度の存在と、南北戦争後もなお黒人差別の体制が温存されていたことにあった。総人口の半数近い黒人を力で押さえつけていくためには、ユダヤ人も含めたすべての白人を上位に立つ平等者とみなし、結束する必要があったからである。白人の優位性こそが何よりも強調されねばならなかった南部社会では、結果的に白人各集団の差異は、意図的に不明瞭にされてきたのであった。

しかし、そのような特質をそなえた南部社会においても、地域経済のなかでユダヤ人が急速に台頭しはじめた幾つかの主要都市では、ユダヤ人に対する嫉視や反感もまた次第に顕在化しはじめていた。なかでも他の南部主要都市と比較して、アトランタのドイツ系ユダヤ人企業家が示しはじめた成功とその能力には目覚ましいものがあり、そのため他の都市を上回る反発が、レオ・フランク事件前夜の同市には水面下で高まりはじめていたのだった。

遺体発見

工場長に就任してからというもの、フランクはひたすら仕事に没頭し、平日は生産の監督や製品の改良実験などで多忙をきわめていた。そのため、普段やり残した書類の整理や事務仕事は休日にひとり出勤して処理するという、休みなき日々を送っていた。

工場は彼にとってまさに命であった。工場の発展のために彼は、自分自身を厳しく律したばかりでなく、従業員にもそれを求め、規律を破った者は躊躇せず解雇してしまった。そのため元従業員のなかには彼になんらかの恨みを抱く者も少なからずいた。

運命の日、一九一三年四月二六日にも彼は、いつものように人気のない工場（地上四階、地下一階）二階にある工場長事務室に午前中から出勤し、財務報告書の作成に専念していた。

正午過ぎ、見覚えのあるひとりの女子工員が給料を受け取りに事務室にやってきた。可愛らしく肉感的なその白人娘は、一〇時間分の給料一ドル二〇セントを受け取ると、すぐ階下へ降りていった。フランクは再び仕事を続けた。

一時過ぎ、昼食をとるためいったん帰宅した後、フランクは三時頃また工場へ戻った。結局この日、フランクが仕事を終えて帰宅したのは六時二五分のこと。その日の夕方、フランクが退社する少し前、新しく傭われたばかりの夜警で、長身瘦軀の黒人ニュート・リーがやってきた。フランクはさっそく新米のリーに巡視の手順を教え、翌日の午前六時まで誰も工場に入れてはいけないと命令した。リーはその命令を忠実に守り、決められた時間どおりに工場内の巡視を繰り返した。

それは何度目かの巡視のさなかのことであった。午前三時三〇分、リーは暗い地下室の隅で凄惨な光景を目の当たりに見てしまった。リーは南部の黒人の身にふりかかる最も恐るべき体験に、自分が今まさに遭遇していることに気づき五体を震わせた。ほかならぬ黒人である自分が白人女性の絞殺死体を発見してしまったからである。

リーの通報で駆けつけた刑事たちは、死体のかたわらに鉛筆書きの文字が記された遺書めいた紙切れが落ちているのをすぐ発見した。文面には、殺された娘自身が犯人の隙を見てこの手紙を書いたとあり、犯人の身体的特徴を「痩せた黒人」と記してあった。これを犠牲者の残したダイイング・メッセージと判断したのか、刑事たちはリーをその場で逮捕した。「遺書」に記されていた「犯人の特徴」とリーの身体的特徴が一致していたからであった。

フランク逮捕される

しかし、遺体の第一発見者であるリーがもし真犯人であれば、何故姿をくらまさず、わざわざ市警に電話で通報してきたのか。また絞殺された娘が殺人者の隙をついて、その身体的特徴を記した「遺書」を書き残せたということも、信じがたいことであった。そう考えはじめた刑事たちの目が、事件当日、この工場で仕事をしていたリー以外の人物、つまりフランクに対して向けられはじめたのも捜査の流れとしては自然なことであったろう。

その後の検死解剖の結果、被害者の胃のなかに残っていた食物の消化状態から、少女は二六日の午後〇時半頃に殺害されたことがほぼ判明、この検死結果はフランクにとってきわめて不利な証拠となった。

何故なら、彼の事務室をメアリーが訪れ給料を受け取った直後、彼女は何者かの手によって殺されたということになるからである。さらに、それまでの取り調べの結果、被害者の少女と最後に会った人物がフランクであることもすでに確認済みであった。まさにフランクはそう推定されても仕方ないほど犯人の至近距離にいたのである。実際、以上のような状況証拠が決め手とされ、四月二九日、フランクは市警に逮捕されたのだった。

同じ頃、アトランタ市警はもうひとりの男を容疑者として逮捕していた。その男はこの工場の清掃作業員で、ずんぐりとした体型の黒人ジム・コンリーであった。

取り調べに対して当初コンリーは、自分は文字など書けないとうそをついていた。しかし、フランクを救援するためナショナル鉛筆工場の社主たちが傭った私立探偵が、かつてコンリーがフランクに宛てて書いた、給料の前借りを求める自筆の手紙を探しあて、五月二三日、それを警察に証拠として提出した。ただちにコンリーは筆跡鑑定を強要され、その結果、彼の筆跡はあの遺体のかたわらに置かれていた「遺書」の筆跡と酷似したものであることが判明し、警察は時に拷問を加えながら激しくコンリーを責めたてた。

コンリーは窮地に陥ったわが身を救いださんと五月二四日、決定的な「自白」を行った。それは「メアリーを殺したのは実はフランク氏である。自分は白人で上司でもあるフランク氏の命令には逆らえず、あの遺書を書いてしまった」という内容のものであった。フランクに罪をなすりつけるこの「自白」は、七月から始まる裁判を決定的に左右する検察側の切り札になったのである。

警察のあせり

警察はコンリーの犯罪歴はもとより、「信用に値しない人間」として黒人仲間からも相手にされていなかったという事実もつかんでいた。にもかかわらず何故コンリーの「証言」を信じ、フランクの有罪を立証するための決定的証拠として、その「証言」を採用したのであろうか。

そもそも当時の南部で起こった白人に対して殺人容疑がかけられた事件で、黒人の証言が決定的な証拠として採用されたこと自体、きわめて異例のことであった。そこにこの事件の全貌を解明する手がかりのひとつもまた隠されているのである。

フランクにとって不運だったことは、当時アトランタ市警はその急速な都市化に伴う都市型犯罪の急増に対して失態を重ね、市民の失笑を買っていたことだ。とりわけメアリー・フェイガン殺害に先立つわずか六か月のあいだに同市では、被害者がすべて黒人女性といった一五件もの殺人事件が発生し、そのいずれもが未解決のままだった。市民のあいだには市警察の無能ぶりに対する不満が鬱積していて、いつ爆発してもおかしくない状況にあった。そんななか、今回発生した殺人事件の被害者が黒人ではなく「同胞《アワー・フォーク》」のネイティブ白人であったことは、市警にとって、何よりも早急に解決すべき緊急課題となっていたのである。実際、この事件が市内に住むネイティブ白人労働者層に与えた衝撃は甚大なものであった。

少女の死体発見のニュースが新聞で報じられると、市全体に熱病のごとき興奮がみなぎりはじめた。死体をこの目で見ようと、市の霊安所に押しかけた群衆の数は、死体発見の当日だけでも二万人に達したのである。こうした現象は市の歴史始まって以来のことであった。

事件翌日にはすでに、早朝からナショナル鉛筆工場の周囲を群衆が取り囲み、口々に殺された少女の復讐を求める人の声で埋められた。

市長はこの事件の帰趨が自己の政治生命にも大きな影響を及ぼすと判断し、市警察署長に対し、事件の即時解決に失敗した場合は、免職処分にしてその責めを負わせると通告してきた。

このような切迫した事態のなかで、警察はこれまでの南部の慣習をあえて破ってまでも「信用に値しない」コンリーの「証言」を、社会的地位の高い白人フランクを有罪にするための「決定的証拠」として、半ば苦しまぎれに採用したのであった。

首席検事ドーズィーの野心

一方、検察の責任者はアトランタ市をその管轄区内に含むフルトン郡法廷の首席検事ヒュー・ドーズィーで、怜悧《れいり》な野心家として知られた男だった。

彼は、一九一〇年に現職に就任して以来、担当した二件の主要な殺人事件で有罪判決を勝ちとることに失敗し、有権者の支持を急速に失いつつあった。郡検事職は公選制で、この郡の有権者の八五パーセントがアトランタ市民であったから、彼にとっても今回の事件は、再任に向けて人気回復と起死回生をはかる、まさに千載一遇の好機となった。

ドーズィーはすでに四月三〇日の段階で、この事件の持つ重要性を見ぬき、自身の手でフランクを有罪に追い込むことができれば、その名声を背景に州政府の最高職にさえ選任されうると確信していた。実際、フランク裁判で有罪を勝ちとった首席検事として彼は、一躍州内で比類ない名声を獲得し、一九一六年のジョージア州知事選で圧勝したばかりか、一八年の知事選でも見事再選を果たしている。

ドーズィーはこの裁判で、フランクに解雇され恨みを抱く元従業員を次々と法廷の証言台に立たせた。そして「フランクは以前からメアリーにご執心であった」「女子工員たちの胸をさわるなど猥褻《わいせつ》な行為を繰り返していた」といったフランクに不利な偽証、性的変質者と印象づけるような偽証をさせたのはほかでもない、ドーズィーの差し金であった。

それればかりではない。この裁判に反ユダヤ主義を持ち込んだのもほかならぬ彼の策謀のひとつであった。彼はフランクが「ウォール街のユダヤ資本家の手先」であるという印象を人々に植えつけることによって、フランクに対する反感をさらに煽ったのである。実際彼は、コンリーに対して「フランク氏が、自分にはユダヤ人大富豪が背後に控えているから、絶対に有罪にはならない、万が一お前（コンリー）に嫌疑が及んでもユダヤ人の大富豪が助けてくれるから心配するなと豪語していた」という偽証までさせていたのだ。

法廷を取り囲んだ群衆

フランクに対する裁判の第一審は一九一三年七月二八日に開廷。この日法廷の周囲は数千人の群衆によって取り囲まれ、真夏の猛暑のため開け放たれていた法廷の窓のすぐ近くまで、群衆はつめかけ、法廷は不穏な熱気につつまれていた。

傍聴席に座った全国誌「週刊コリアーズ」の記者は、「群衆は検事側の追及に幾度となく拍手で応え、足を踏み鳴らすことで賛同の意を表明していた。一方、フランク側弁護団が異議を唱えるや、たちまち罵声《ばせい》を浴びせかけた」と伝えている。

法廷を囲んだ群衆の圧力は裁判の帰趨に大きな影響を及ぼした。実際、評決に加わった陪審員のひとりは「もし陪審員団がフランク有罪の評決を下さなかったら、生きて帰れなかっただろう」と当時の心境を、後に告白している。

フランク側弁護団は、自分たちが致命的な失策を犯してしまったことに、裁判が始まってからようやく気づいた。弁護士たちはフランクに対する民衆の憎悪の深さと複雑さを完全に見あやまり、自分たちが通常の殺人事件を扱っているつもりでいたのである。彼らは裁判の開催地の変更を求める申請を事前に行わねばならなかったのだが、すでに後の祭りであった。

抗いがたい圧力にさらされ続けた法廷にも、第一審の評決を迎える日がついにきた。一九一三年八月二三日、陪審員団は全員一致でフランクに有罪の評決を下し、翌二四日この評決に従って判事も有罪の判決を下した。

評決の結果が法廷の外に伝えられると、取り囲んでいた約二〇〇〇人の群衆のあいだから、期せずして耳を聾《ろう》さんばかりの歓声が湧き上がった。彼らは勝利の美酒に酔ったように、英雄ドーズィーを歓呼の声で迎えると、肩に担ぎあげ法廷前の通りを練り歩いた。

ある記者が、評決直後の人々のこの熱狂ぶりをこう報じている。

「この日のアトランタはさながら古代ローマの祭日となった。野球場のスコアボードにこの評決結果が白墨で書かれるや、評決を称える一大デモンストレーションが内外野席を巻き込み、始められた。殺害現場の工場前では一時間にわたり、数百人の群衆がステップダンスに興じはじめた」

だが、もしフランクが北部出身のユダヤ人ではなく、地元南部のネイティブ白人であったならばどうであったろうか。おそらく陪審員団は黒人であるコンリーの証言に耳をかさず、従ってフランクの有罪を認めることもなかったであろう。またその評決結果に、群衆がこれほどまでに熱狂することもなかったであろう。

トム・ワトソンの介入

検察の責任者ドーズィーに続いて、今回の事件に反ユダヤ主義の煽動を持ち込んだのは人民党の元大統領候補トム・ワトソンであった。

人民党とは、一八九〇年代に南部と中西部の小農民を支持基盤にして活動していた全国的な組織を持つ政党で、農業不況による負債に苦しむ小農民たちの不満を背景に、彼らの救済を政策目標に掲げ、一時既存の二大政党を脅かすほどの存在となった政党であった。しかし、一八九六年の大統領選挙で敗北した後、急速に衰退していった。

ワトソン自身も、一九〇六年を境に政界からは退いたものの新聞出版事業に進出し、虎視眈々と自分の政治生命の復活をはかるべくその機をうかがっていた。そんな彼にとってレオ・フランク事件は、旧人民党の支持層を再結集し、政界に返り咲く絶好の機会だと思われた。一九一四年の春以降、ワトソンはフランク側弁護団によって再審請求中であった本事件に積極的に介入し、自らが所有する週刊新聞「ジェファーソニアン」の紙面で激しい反ユダヤ・キャンペーンを展開しはじめた。

その中心となった主張は「我らの少女工員《アワー・リトル・ファクトリーガール》がニューヨークから来た邪悪なユダヤ人企業家のために、忌まわしい死においやられた」「ユダヤ人の殺人者の命を救うために、ユダヤ金融資本がジョージア州の司法当局が下した判決を覆そうとしている。州民は断固これを阻止しなければならない」というものであった。

キャンペーン開始以前、三万部にすぎなかった同紙の発行部数はキャンペーンの絶頂期一九一五年九月には八万七〇〇〇部にまで増大、ワトソンの目論見は見事に当たり、彼はこの事件に介入することによって州内でも予想していた以上の名声を回復していった。そして一九一六年の知事選で、彼は後援したドーズィーを圧勝させることに大きく貢献し、ガバナーズ・メーカー、いわば州政界の最高実力者としてその影響力を遺憾なく発揮したのであった。

さらに一九二〇年、彼は立ちはだかる政敵を次々に打倒し、彼自身その生涯でも最高の地位といえる連邦上院議員に当選、揺るぎない地位を確立したのである。

ワトソンによる民衆の煽動は、フランクの死刑予定日が近づくにつれ、ますますその激しさを増していった。ワトソンは州知事スレイトンがフランクを減刑するかもしれないという風評を耳にするやいなや、「立てジョージア州民よ！」という大見出しのもと、「もし知事が州民の信頼を裏切ったら、州民は無為に座しているべきではない」と述べ、州民による実力行使を呼びかける論説を「ジェファーソニアン」紙上に掲載したのである。

州知事スレイトンによる減刑命令

フランク側弁護団は第一審で有罪判決を受けたあとも、上級法廷に再審請求を繰り返し出し続けていた。

しかし、そのすべてが却下されるや、一九一四年一一月以後、弁護団は法廷闘争の継続を断念し、減刑の権限を持つジョージア州知事スレイトンに直接フランクの減刑を請願するといった方針に変更、戦術上の一大転換を行った。

無実を主張し続けるフランク本人は即時釈放を求めていたが、弁護団はその戦術上、当面は罪一等を減じる終身刑への減刑をまず求め、将来、民衆の激昂が鎮静化したあかつきに無罪釈放を実現させようと考えていたのである。

この戦術をとってから半年の間に、スレイトンのもとには減刑を請願する、主に都市中産商工業者からなる州民約一万人の署名が届いた。が同時に、この動きを封じるための、減刑賛成署名の数をはるかに上回る減刑反対署名の名簿も知事のもとに届けられたのである。

そんな両者の署名合戦のさなかにあって、とりわけスレイトンを悩ましたものは「あのユダヤ人を許せば、きさまら夫婦の命はない」といった脅迫状が、なんと一一〇〇通も届いたことであった。ここに至って、彼はフランクの減刑が自己の政治生命はおろか、肉体的生命まで脅かす難題であることを痛感せざるを得なくなった。

だが彼には、決定を遅らせることによって、その責任を後任の知事に転嫁するという逃げ道もあった。またワトソンからは、減刑嘆願を却下しさえすれば、スレイトンの連邦上院議員への選出を極力応援するとの条件も提示されていた。しかし、スレイトンは処刑予定日の前日、それは知事としての任期終了の三日前でもあった一九一五年六月二一日、フランクを絞首刑から終身刑へ減刑するという命令を下したのであった。

綿密な検証の結果、フランクの無実を確信していた彼は、州民の怒りが鎮静化したあかつきに、フランクを無罪放免にするつもりであった。彼の決断を支えたものは、「臆病者の妻であるよりは勇者の未亡人でありたい」という夫人の励ましの言葉であった。

知事の減刑命令はその日のうちに新聞に報じられ、全州民の知るところとなった。六月二一日の夕刻、仕事から解放されたネイティブ白人労働者や近在の農民たちが続々と州議事堂前に集まりはじめた。彼らはフランクの背後に控える「ユダヤ人勢力がスレイトンに賄賂を贈った」という風評を信じ込んでおり、邪悪なユダヤ人の金の力によって覆された法の裁きを、自らの手で回復することが自分たちの義務であると感じていた。そして、まず手はじめに「裏切り者」スレイトンを縛り首にせねばならないと考えたのであった。

同日午後八時三〇分頃、五〇〇〇人を超える人々が市北郊にある知事邸をめざして行進をはじめた。彼らのなかには銃や棍棒、ダイナマイトなどで武装した暴徒も多く含まれていた。もはや警察だけでは彼らの行進を阻止することはできず、州兵の出動が要請される始末であった。この夜、暴徒の一部は知事邸の前に出動した州兵一個大隊と衝突し、二六名の逮捕者を出した。逮捕者の大半は予想どおりアトランタ市内に住むネイティブ白人労働者層に属する青年たちであった。しかし、多くの暴徒は州兵側が配備した重機関銃の銃口を前にひるんだのか、夜が明ける頃には次々と退散していった。その後も市内の不穏な状況は収まらず、六月二八日までアトランタは戒厳令下におかれていた。

六月三〇日、スレイトンは夫人とともにジョージア州を去った。身の安全を確保するために州外への亡命を余儀なくされたのだ。彼が同州に帰還できたのは、州民の怒りがようやく鎮静化した第一次世界大戦終結後のことであった。州を去るにあたって、彼はその退任演説のなかで自己の良心にかけて次のように州民に訴えた。

「二〇〇〇年前、ひとりの知事がひとりのユダヤ人を暴徒の手にゆだねた。その行為ゆえに、この知事の名は二〇〇〇年間にわたって呪われ続けた。今もし私が自らの義務を怠ることによって、もうひとりのユダヤ人が墓のなかに横たわることになれば……私は自分のことを卑怯な暗殺者とみなさなければならないのだ」と。

いうまでもなく、二〇〇〇年前のひとりのユダヤ人とはイエス・キリストのことであり、ひとりの知事とはイエスを磔刑《たっけい》に処したポンテオ・ピラトのことであった。

ユダヤ人襲撃

暴徒の怒りはフランクとスレイトンだけではなく、事件とは無関係な一般のユダヤ人住民にも向けられた。それは減刑命令発令直後の六月二一日から始まった。

暴徒たちがユダヤ人住民の各家に、アトランタ市内からの立ち退きを求める脅迫状を送りつけたのである。こうした脅迫に対しユダヤ人社会は、危機を回避するための効果的な避難対策を迅速に実行することができた。長い迫害の歴史のなかで培われた危機管理能力をすばやく発揮したのである。ユダヤ人家庭の多くが同日の昼までに家屋や店舗の戸締まりを済ませ、午後になると成人男子は市の中心部にある四つのホテルに続々と避難、その間婦女子の多くは汽車に乗り、州外の親類を頼って長期的な疎開を始めた。こうした非常事態はこの年の初秋まで続き、州外に疎開したユダヤ人の総数は、一五〇〇人から三〇〇〇人にも達した。

ユダヤ人が所有する店舗や工場に対する襲撃事件も多発した。その主な犠牲者はフランクの減刑請願に尽力したユダヤ人の指導者と、立ち退きを拒否したユダヤ人商人であった。例えば六月二二日の未明、市中心部にあるアルバート・カウフマン所有の製帽工場が暴徒による焼き討ちにあって灰燼《かいじん》に帰した。カウフマンがフランクの親友として、減刑請願運動の指導者であったことが知れわたっていたからである。

襲撃が発生したのはメアリー受難の地アトランタと、彼女の生地マリエッタだけのことではなかった。この時期、州内各地で同様の襲撃事件が頻発していたのである。

フランク、リンチによって死亡

同じ頃、メアリーの生地マリエッタでは、彼女の墓前に建立された記念碑の除幕式を行うため、多くの地元住民が集まっていた。そのなかには、自らを「メアリー・フェイガン騎士団」と名乗る一五〇〇人もの男たちがいた。

彼らはフランクが減刑されたことによって辱められたメアリーとその一族の名誉挽回をはかるべく、彼女の墓前で復讐を誓い合ったのである。「騎士団」はその団員のなかから、フランクの身柄を獄中から拉致し、縛り首にするため二五人のリンチ団を選抜した。その顔ぶれはメアリーの親族を含む地元マリエッタの住民であった。

二五人は七月の初めから、鉄条網や電話線を切断する訓練を開始し、同時に、マリエッタから南東へ約二六〇キロの地にあるミレッジビルの刑務所へ向かうルートを、自動車を利用してくまなく調べあげた。そこにフランクが収監されていたからである。

八月一六日の午後、八台の車に分乗したリンチ団は、土埃をあげてマリエッタを出発。同日午後一〇時、彼らは刑務所から外部に通じる電話線を手はずどおり切断したあと、正門を破壊し所内に突入した。

リンチ団はフランクの監房に押し入り、寝巻き姿のフランクをすばやく拉致、車のなかに押し込んだ。水際だったその襲撃作戦はわずか一〇分で成功し、全員まったく無傷で引き上げていった。

警察の警戒線をくぐりぬけ、マリエッタに帰還した彼らは八月一七日午前七時、メアリーの生家近く、フレイズ・ジンの森にある大きな樫の木の根元にフランクを降ろした。そして、その樫の木に彼を吊し、命を奪ったのである。一時間もたたぬうちに集まってきた一〇〇〇人もの見物人のなかには、遺体を切り刻み焼却することで、さらに遺体を冒瀆《ぼうとく》しようとする者もいた。必死にそれを押しとどめたのは地元の判事であった。午前一〇時、判事の説得によってようやく遺体は木から降ろされ、その後、判事のはからいでアトランタ市内のユダヤ人の葬儀業者に引き渡された。

しかし、アトランタへ運ばれた遺体は、ここでも市民による冒瀆を受けることになった。

フランクの遺族が遺体を密葬する声明を発したにもかかわらず、一七日午後、多数の群衆が霊安所に押しかけ、遺体の一般公開を要求したのだ。彼らの剣幕に恐れをなした遺族側はこの要求に同意せざるを得なかったのである。この日の午後三時から八時までの公開時間に、一万五〇〇〇人以上もの群衆が遺体を見物すべく殺到した。

フランクを殺害したリンチ団はその後どうなったのだろうか。彼らはただのひとりとしてなんの咎《とが》めも受けなかった。彼らの身元はもとより周知の事実だったが、警察は彼らを逮捕しようとしなかった。犯人を起訴するか否かを決める権限を持つ地元マリエッタの大陪審が、彼らを起訴しないことに決めていたからである。

KKK復活の契機となったリンチ殺害事件

ネイティブ白人たちの喝采を浴びたフランク・リンチ事件のわずか二か月後の一〇月一六日、リンチの実行主体であった「メアリー・フェイガン騎士団」の団員を中核メンバーにして、アトランタ郊外でKKK（クー・クラックス・クラン）が再結成された。KKKとは南北戦争の直後、解放された黒人たちの政治・経済的自立を阻むために組織された暴力的な白人の秘密結社であった。が、一八七〇年代に衰退、消滅してから実に四〇年ぶりの復活であった。

この新生ＫＫＫの初代最高指導者ウィリアム・シモンズ以下、再結成に参加したＫＫＫ団員総数三三人のうち、実に一五人までが「メアリー・フェイガン騎士団」の団員であった。このことはいうまでもなく、一九一五年八月のフランク・リンチ事件が、同年一〇月のＫＫＫ復活を生み出す直接的な契機になったことを意味していた。

いったい、このＫＫＫが一九一五年一〇月という特定の時期に、アトランタ郊外という特定の場所で、何故再興されるに至ったのか。もちろんその正確な理由は今もって謎である。しかし、フランクのリンチによって最高潮に達した反ユダヤ的熱狂のなか、一九〇一年頃からＫＫＫ再興のアイディアを温め続けてきたシモンズが、この機を絶好のチャンスと利用したと見て間違いないだろう。

新生ＫＫＫは一九二〇年代前半、南部の農村地帯を主な舞台に黒人攻撃だけでなく、ユダヤ人攻撃の担い手にもなった。このことからもわかるように、フランク・リンチ殺害事件は、その後の南部における反ユダヤ主義をエスカレートさせる跳躍台の役割を果たしたともいえるだろう。

家父長権の喪失に苛立つネイティブ白人男性たち

ユダヤ人フランクは何故リンチ殺害され、その実行犯は起訴を免れたばかりか、人々から英雄視までされたのであろうか。

次にその原因を、南部特有の枠組みのなかで考えてみよう。

二〇世紀初頭、南部の都市でも始まった急速な産業化の進展は、労働者層に属する多くの女性たちを労働市場へと駆り立てることになった。一九〇七年の連邦上院の調査によれば、一六歳以上の娘がいる南部の家庭では、実にその九四・五パーセントの家庭で少なくともひとりの娘が外で働いて賃金を得ていた。さらに、こうした娘たちが家庭外で稼ぎだす賃金は、世帯収入の二五〜四〇パーセントを占めていた。このことは家庭全体が彼女たちの収入に依存する割合が高かったことを示している。

つまり、殺されたメアリーのような若い女性労働者たちが、当時のアトランタの経済成長を底辺で支える、重要な役割を果たしていたということでもある。

同市における、一六歳以上の女性労働者の数は、一九〇〇年から一九年までのあいだに実に二倍に増えているのである。と同時にまたアトランタは、女性たちが工場労働のさまざまな分野へ参入する動きが最も進んだ都市でもあった。

こうした状況が加速していくなかにあって、娘たちを家庭から賃労働に送り出していた農民的出自を残すネイティブ白人労働者層の父親たちは、父権の喪失を強く意識せざるを得なかった。要するに彼らは、外に働きに出た娘たちをかつてのように、家庭にとどめて保護、監督できなくなったわが身の不甲斐なさを感じていたのである。

何故なら、伝統的な南部の独立自営農民の世界では、その家庭の女子供に対して家父長が及ぼす支配権こそ、名誉ある独立した男性としての最も基本的かつ必須の条件であったからである。また南部の伝統的規範では、白人女性は家庭を守るべき存在であり、家父長によって保護されるべきものと考えられていたからでもある。

我々の娘が犯される――蔓延する性的被害妄想

父権の喪失に苛立つ父親たちは、職場に出かける自分の娘がさまざまな男たちと性的接触を持つのではないかと、疑心暗鬼にかられるようにさえなっていた。現実に当時のアトランタでは働く女性のなかに、未婚の母になったり、工場勤めの合間に売春行為をするなどの性的にアクティブな、新しいタイプの女性たちも出現し、保守的な父親たちに深刻な不安を与えていた。

実はメアリーも性的にかなり積極的な娘であることが、一部の人に知られていた。しかし、多くのネイティブ白人男性たちは、そうした「負の事実」には沈黙し、彼女は「貞節を守りぬこうという気高い闘い」のなかでフランクに殺されたのだというフィクションを作りあげていった。そうすることによって、当時増加しつつあった、外で働く若い女性たちのアクティブな性行動に対する家父長としての自らの不安を拭い去ろうとしたのである。

また、まだ父親になっていない若い男たちも、同じ労働者層の娘たちを、自分たちより金持ちでより力のある男性の誘惑から守ることのできない自らの無力さに、深い挫折感を抱きはじめるようになっていた。

彼らは女子工員たちが関心をよせる工場の経営者や支配人に、激しい敵意を抱くようになっていった。彼らは職場の上司たちがその地位を利用して、女子工員に接近するかもしれない、あるいはその職権を利用して性的関係を求めるのではないか、といった強い性的被害妄想を心のなかに鬱積させていった。

こうした妄想がメアリー殺害という現実を契機に、ただちにフランク個人への攻撃に結びついていったことは想像にかたくない。何故ならフランクは、当時一〇〇人を超す若いネイティブ白人女性を意のままに働かしうる工場長という地位にあったからである。男たちの心の闇に潜むこの妄想を、外の世界に向かって明瞭な言葉で発信したのが、ほかならぬ首席検事ドーズィーであった。ドーズィーは裁判の過程で「職権を利用して女子工員に性的関係を強要する好色な企業家の権化」というフランク像を、法廷の内外に印象づけることに成功した。

ネイティブ白人労働者層の男性たちが、このような誹謗を「真実」であると受けとめてしまった背景には、当時のアトランタ実業界を代表する第一級のユダヤ人企業家のなかに、多数の婦人労働力を雇傭する代表的企業家が多く含まれていたという現実も指摘できるだろう。

実際フランク・リンチ事件の直後、ユダヤ人企業家たちはフランクの二の舞になることを恐れて、それぞれが雇傭していた多数のネイティブ白人の娘たちを一斉に解雇したと、ジョージア州内の某地方紙は報じている。

ユダヤ人企業家側の自衛策ともいえるこの行動は、見方を変えれば、ネイティブ白人の女性を傭っているユダヤ人企業家に対して白人男性たちが抱いていた性的被害妄想が、いかに広範にかつ根強く蔓延していたかを物語る何よりの証拠といえよう。

黒人にかわる新たなスケープゴート

南部における反ユダヤ主義形成のメカニズムを考える場合、南部社会に特有の黒人問題を視野に入れて考える必要がある。

何故なら、黒人問題こそ当時の南部社会のあり方を本質的に規定しているものだったからである。今度はこの視点に立って、今回のリンチ殺害事件を生み出した原因を考えてみよう。

メアリーが信徒として属していたアトランタの第一バプテスト教会の牧師ブリッカーは事件の三〇年後、一九四三年に旧友に書き送った書簡の中で、何故ネイティブ白人たちがメアリー殺害を契機にして、ユダヤ人フランクに激しい憎悪を抱くようになったのかという問題について、事件発生当初の自分の心境を掘り起こしながら、ネイティブ白人の当時の心性を見事に解明している。

すなわち、一九一三年四月二七日、自分の教会の信徒であるメアリーを殺害した容疑者が黒人のニュート・リーであると知らされた時、ブリッカーは「穢《けが》れを知らぬ白人少女の生命の代価として、わずかひとりの黒人の生命ではつり合わぬと、大きな不満を感じた」のであった。

実は当時ジョージア州では、アメリカ国内のどの州よりも、黒人に対するリンチが多発していたのである。一九一三年に限ってみてもアトランタでは、毎月平均四名の黒人が些細な理由によってリンチを受け、その命を奪われていた。

このようにリンチが日常化し、黒人攻撃にすっかり飽きていたといっていいアトランタのネイティブ白人にとって、わずかひとりの黒人の命を奪うことくらいでは、自分たちの同胞の美しい娘の絞殺事件に対する激しい怒りを鎮めることなど到底不可能だったのである。だからこそネイティブ白人たちは、黒人以外の自分たちとは異質な攻撃対象を必要とし、復讐の鉄槌《てっつい》を加えることを望んでいたのである。

あらためて指摘するまでもなく、当時のアトランタで黒人以外の異質な存在といえばユダヤ人にほかならなかった。

彼らは市内の外国出身者の四分の一を占める、数的にも最大の移民集団であったばかりでなく、最も際立った異邦人的性格を備えてもいたからである。ユダヤ人を「黒人にかわる新たなスケープゴート」に仕立てようとする心理的欲求が当時幅広く潜在していたことは、くだんの牧師ブリッカーの次のような心境告白からも明らかであろう。

「しかし、警察が北部からやってきたユダヤ人を逮捕した時、ユダヤ人に対する生まれながらの偏見は満足させられた。彼（フランク）は（メアリー殺害の）犯罪を償うに足る犠牲者となるであろう」

さらにまた、アトランタ在住のユダヤ人ハーマン・バインダーが、メアリーの遺体発見直後に偶然立ち聞きした市警察幹部たちの会話の内容からも、こうした心理的欲求がアトランタ市内にあまねく満ち満ちていたことが推測できるであろう。

「（メアリー殺害の犯人として）黒人を有罪にしても民衆の支持は得られないだろう。何故って、我々はいつでもそれを行ってきたからである。しかし、もし我々があのユダヤ人を有罪にできれば民衆の支持を得られるだろう」

レオ・フランク・シンドローム

本章を閉じるにあたってレオ・フランク事件が持つ歴史的意義を指摘しておこう。まず第一に、南部ユダヤ人の歴史的文脈のなかに位置づけるなら、この事件は南部ユダヤ人の心の奥底に、反ユダヤ主義に対する測り知れない恐怖心を植えつけた事件であったこと。フランク自身にふりかかった災難はいつ自分自身にふりかかっても不思議ではなかったからである。

この事件以後およそ半世紀にわたって、南部ユダヤ人は常に、大いなる不安のなかで日々の生活を送らねばならぬはめになった。彼らはもうひとつのレオ・フランク事件が起こり、さらなるユダヤ人攻撃が発生することを常に憂慮しながら暮らさねばならなかった。

実際、この事件以後の南部ユダヤ人たちはあまりにも強い恐怖心に支配されて生活していたため、ネイティブ白人の不興を買うような行為を極力回避すると同時に、地域社会の規範に順応して生活するよう特別な努力をはらい続けた。こうした集団的社会心理現象は今も、レオ・フランク・シンドロームと呼ばれている。

一方、ユダヤ人社会の対外的影響力が経済的にも政治的にも強く、それゆえに反ユダヤ主義に対して一層ミリタントな対決姿勢をとることのできた北部ユダヤ人社会では、この事件を契機に、従来より積極的な共同体防衛の必要性が叫ばれるようになった。そして、反ユダヤ主義と対決していく全国的ユダヤ人団体「誹謗反対連盟《アンタイ・ディファメーション・リーグ》」が一九一三年に発足。この団体を発足へと導く最終的動機となったのも、同年八月二三日にフランクに下された有罪評決にほかならなかった。

黒人社会との連帯を求めて

次に、より広い人種関係史の文脈のなかにこのレオ・フランク事件を位置づけるならば、ユダヤ人社会が黒人社会に接近し、両者が連帯する端緒となった事件であったことも指摘しておかねばなるまい。

白人であるはずのフランクが黒人リンチとまったく同じ手口で命を奪われたという事実は、全米のユダヤ人にとり前代未聞の衝撃であった。この事件によってユダヤ人は、自分たちもまた、黒人が被っている迫害とまったく変わらない迫害の犠牲者になりうることを実感したからである。

かくしてこの事件を機に、ユダヤ人は黒人と、共通の迫害体験の絆で結ばれ、黒人が置かれている境遇に対して、これまでにない関心と同情を寄せるようになったのである。

指導的立場にあるユダヤ人たちは、ジャーナリズムの世界では、人種平等を求める黒人たちの擁護者となった。また、一九〇九年に発足したばかりの全米最古の黒人公民権団体「全国黒人地位向上協会」に対しては、法廷闘争に力を貸す法律家として、あるいは財政的支援者として、他に比類のない貢献を果たしはじめたのである。

このように、アメリカを代表するふたつのマイノリティーの接近と連帯を導く契機となったレオ・フランク事件は、アメリカにおける人種関係史の全体的潮流のなかでも特筆すべき位置を占める、重要かつ歴史的な事件だったのである。

第二章　大都市ゲットーでの反ユダヤ暴動

首席ラビ、ジェイコブ・ジョセフの葬列を襲った
アイルランド系移民労働者たち

首席ラビ、ジェイコブ・ジョセフの葬儀

一九〇二年七月二八日、長年にわたって病床に臥《ふ》していたジェイコブ・ジョセフの訃報が、ニューヨーク市内の東欧系ユダヤ移民集住地区、ロワー・イーストサイドを駆け巡った。彼は当時の合衆国内に暮らす総数一〇〇万人に近い正統派ユダヤ教の信徒にとり、最も権威ある霊的指導者のひとりであった。

ジョセフの死に接し、彼を霊的指導者と仰ぐ正統派ユダヤ教徒たちは、これまで合衆国の国内では決してみられなかったほど、厳粛かつ感動的な葬儀を行うべく計画を立てた。彼らはまた、このたびの葬儀を自分たち東欧系ユダヤ移民の民族意識を高め、そのことを互いに確認し合う場にしようとも考えていた。

葬儀の日、七月三〇日の朝にはすでに、数千人にも及ぶ会葬者がヘンリー通りにあるジョセフの自宅を取り囲んでいた。午前一一時、棺《ひつぎ》が家の外に運び出され、葬列は一路、ブルックリンにあるユニオン・フィールズ共同墓地をめざして、厳かに進みはじめた。

葬列の最前列には、目に涙を浮かべた数百人もの正統派ユダヤ教神学校の生徒たちが並び、「ダビデの約束」を朗唱しながら先導役を務めていた。その後ろに、ジョセフの遺徳を称える正統派のラビたちが続き、さらにその後には棺をのせた霊柩馬車を先頭に、約二〇〇台の馬車

に分乗した会葬者たちが続いた。彼らは正統派の各会衆組織の代表者であった。そして最後尾に、数千人の徒歩の行列がどこまでも続いていた。

葬列の道筋には、悲しみにくれる数万人もの正統派ユダヤ教徒たちが立ち並び、偉大なラビとの最後の別れに涙していた。

当時のイディッシュ語新聞によれば、「せめて指一本でもいいから棺に触れようと、数千人のユダヤ人が霊柩馬車に殺到した」とその模様を報じている。聖なるラビの骸《むくろ》を安置した棺に手を触れられれば、大きな功徳《くどく》がもたらされるという迷信を、彼らは信じていたからである。また、沿道に立ち並ぶ数百軒のユダヤ人の商店もジョセフの死を悼《いた》んで、この日一日は店を閉じていた。

午後〇時四〇分、葬列はイースト川を渡るための桟橋に向かうべく、ノーフォーク通りを東に転じ、グランド通りへ入った。先頭を進む人たちの眼前を覆うように目に映ったのは、ある重厚な石造りの建物であった。

それは全米でも屈指の印刷機械製造メーカー、R・H・ホー社の社屋であった。

暴動の予兆

ほんの五、六年前まで、ホー社の近隣地区にユダヤ人はほとんど居住していなかった。ところが、ここ最近の東欧系ユダヤ移民の流入によって、この地区の「民族別住みわけ地図」は大幅に塗り替えられてしまった。もともとこの地区に住んでいたアイルランド系住民は、新移民から人口的圧力を受け、次第にそれを脅威と感じるようになっていた。旧住民（アイルランド系）対新住民（東欧系ユダヤ移民）とのあいだにエスニック・コンフリクト（民族対立）が顕在化しはじめていたのである。

実は今回の葬儀の数年前から、ホー社の従業員、とりわけ年若い徒弟たちが近隣のユダヤ人住民を侮辱したり、暴行を加える事件が頻発していたのである。そのため近隣に住むユダヤ人たちは、工場から従業員が外に出てくる昼食時間帯に工場付近に近寄らないよう常日頃から用心していた。

ホー社の経営陣もすでに、従業員たちの狼藉ぶりに対する苦情を受けていた。だが、そのような従業員に対して「通行人に石や雪玉などをぶつけることはやめよう」という告知の張り紙を一度出しただけで、ほかになんの対策も講じてこなかった。

火種はまたホー社の社内にもあった。当時のホー社には一八〇〇人の職員や工員と、三〇〇人の見習いの徒弟が働いていたが、その大半は近隣地区から通勤してくるアイルランド系の住民であった。当時のアメリカでは、キリスト教徒が所有し経営する大企業において、ユダヤ人はホワイトカラーとしての雇傭から、ほぼ完全に締め出されていたのである。また現場労働者の雇傭に関しても、やはり厳しい排斥が存在したのだった。

そのためユダヤ人労働者の多くは、同胞の所有する企業に職を求めるほかなく、その傾向はきわめて顕著であった。結果的に、当時のホー社に勤めていたユダヤ人労働者の数は非常に少なく、全従業員の約二・六パーセント、五〇人余りにすぎなかった。

一九世紀末、ロシアから移民してきたグレゴリー・ウェインステインもそのようなユダヤ人労働者のひとりだった。彼はアメリカ労働総同盟の初代会長サミュエル・ゴンパーズの友人であり、のちに自ら出版業者として成功を収めた人物でもあった。だが、このホー社に就職する以前、彼は自分が「約束の地」と信じていたアメリカで、しかもこの「立派な大企業」のなかで、数々の虐待がまさかわが身にふりかかろうとは夢想だにしていなかったのである。

それは例えば、「弁当箱を隠される」「仕事中、突然頭上から釘の雨が降りそそぐ」「仕上げた仕事を台なしにされる」「窃盗の濡れ衣を着せるため、何者かが彼のコートのなかに会社の備品を入れる」などといったものであった。そんなたび重なる仕打ちに耐えかねて、ついに彼は退職を決意せざるを得なかったのである。

アメリカの歴史上、ユダヤ人に加えられた集団的暴力行使のなかで最悪ともいえる事件がこの工場を舞台に発生する直前にも、すでにこのような悪質なユダヤ人いじめが、予兆のごとく存在していたのである。

反ユダヤ暴動の前史

さてここで、本題に入る前に、我々はアメリカの歴史上、ユダヤ人を襲った集団的暴力行使事件の前史を見ておく必要があるだろう。

少なくとも一八八〇年代以前のアメリカでは、ユダヤ人に対する集団暴行事件はきわめて少なかった。例えば一八世紀以前に時期を限定すれば、それに該当するものは、一七四〇年代に発生したいわゆるデランシー事件しかない。

この事件は、当時のニューヨーク総督の弟、オリバー・デランシーが、酒に酔った勢いで、友人たちと連れだってニューヨーク市内のユダヤ人地区に住む、あるユダヤ人家庭に押し入り、しつこくその家の主婦にいい寄ったというもので、主婦に拒絶されたデランシーとその仲間たちは、その家の人たちに乱暴狼藉の限りを尽くしたと記録されている。

この事件を除けば、ユダヤ教徒の埋葬式に乱入した某キリスト教徒が乱暴を働いた事件など、ほかに一、二件あることにはあるが、いずれもきわめて小規模な事件にすぎなかった。要するに古きよき時代のアメリカでは、同時代のヨーロッパ大陸と比べて、ユダヤ人に対する集団的暴力が行使されたという事例は、質量ともにはるかに少なく軽微なものであったのである。

状況が一変するのは一八九〇年代から一九一〇年代にかけてのことであった。この時期はちょうど、東欧からの大規模なユダヤ移民流入の時期と一致する。それは、暴動が発生した場所が、主に東欧系ユダヤ移民がその集住地区を急速に形成しはじめた北東部や中西部の都市であったことからも明らかであった。

暴動を引き起こす中心となったのは、徒党《フーリガン》を組んだ若者たちで、彼らは主に先住移民集団であるアイルランド系かポーランド系の労働者であった。

例えば一九一一年七月二三日、マサチューセッツ州内の小都市モルデンのユダヤ人集住地区、サフォーク・スクエアで発生した反ユダヤ暴動で襲撃の中心になったのは、一七歳から二〇歳代前半の、主にアイルランド系からなる約四〇人の若者集団であった。

彼らは鉄製のバールで武装し、口々に「ユダヤ野郎をぶっ殺せ」と喚声をあげながら、近くに居合わせた約二〇人のユダヤ人男女を襲い、血まみれになるまで殴打し、さらにユダヤ人商店の窓を粉々に打ち砕き、ユダヤ人住民を恐怖のどん底へ陥れたのだった。襲撃の背景には、⑴不況時における経済的機会の奪い合い、⑵先住集団の築いた居住区が、新参のユダヤ移民の人口的圧力によって脅威にさらされていることへの苛立ち、のふたつがあった。

こうした襲撃の犠牲者のなかには、不幸にして命まで奪われる者さえいた。一九〇五年、ニューヨーク市とシカゴ市で発生した襲撃では、少なくともふたりのユダヤ人が暴徒たちの暴行によって命を落としたことがわかっている。また、とりわけ被害が集中したのは、ユダヤ人のなかでも常に人前にその身をさらし続けねば商売にならない、街頭の行商人であった。

彼らは他のエスニック・コミュニティーのなかへ、いわば「縄張りを侵した」という形で侵入した時、暴行の標的にされる場合が多かったのである。

地元の警察も、ユダヤ人行商人に加えられる街頭での暴力を、効果的に取り締まろうとはしなかった。そのため、各地のユダヤ人社会は一八九〇年代以降、自衛の必要から、それぞれ自警団を組織しはじめた。そして、その自警団の多くは法的対応にもぬかりないよう、顧問弁護士まで抱えていたのである。

なかでも、ニューヨーク市内のユダヤ人自警団は厖大《ぼうだい》な会員を擁し、他のエスニック系フーリガンがユダヤ人地区に侵入してきた場合、集団で応戦し、侵入者を撃退できるほどの力量を備えていたという。

「白人種の一員」であることの意味

ユダヤ人に加えられた集団暴行は、アメリカ・ユダヤ人史の文脈のなかで見れば、確かにこの時期に最も激化したといえる。しかし、アメリカ史全体という幅広い文脈のなかにこの問題を位置づければ、また違った姿が見えてくる。つまり同時期、黒人やアジア系移民を標的にした、その凄まじいばかりの暴力と比較したら、ユダヤ人に対する暴力行為は質量ともに、軽微なものであったといわざるを得ないだろう。

例えば黒人の場合、一八八〇年以降の四〇年間に、記録に残っているものだけでも三〇〇〇人以上の罪なき者が、暴動やリンチによって命を奪われている。さらに、闇から闇へ葬り去られた記録に残らない犠牲者は、これをはるかに上回るとみて間違いなかろう。

これに対して、同じ時期、反ユダヤ暴動やリンチで殺害されたユダヤ人の数は、せいぜい十指に満たないとアメリカ・ユダヤ人史の碩学《せきがく》、故ジェーコブ・マーカス教授は述べている。

だからユダヤ人の払った犠牲などたいしたことはないというわけではないが、白人優越主義が最も暴力的に機能していた当時のアメリカ社会において、ユダヤ人たちが「第一等の白人」とはいえないまでも、あくまで「白人種の一員」としての扱いを受けていたという事実は、きわめて重要な意味を持っていたのである。

宗教的あるいは文化的に、異質の存在であるとして、攻撃の対象にされたとはいえ、ユダヤ人はあくまで支配的人種である「白人種の一員」なのであり、そうだからこそ、非白人に対して加えられた凄まじいレベルの攻撃を、彼らは免れたといえよう。

一九〇二年七月三〇日の反ユダヤ暴動

話を再び、一九〇二年七月三〇日の葬列の場面に戻すとしよう。

20世紀初頭のR. H. ホー社

葬列の先頭を歩む人々のなかには、グランド通りを先に進むにつれて、不吉な胸騒ぎを訴える者が出てきた。聴力のすぐれた人のなかに、ホー社の工場の方角から上がりはじめた罵声を聞き取れる者がいたからである。

棺をのせた霊柩馬車がホー社の工場の前を通り過ぎようとしたその時、突如、工場の窓や屋上から一斉に、食べかけのリンゴや鉄製のネジ、ボルトなどが投げつけられ、多くのユダヤ人が負傷した。葬列は「昼食休み」という最悪の時間帯に、最悪の場所にさしかかってしまったのである。

突然の事態に、会葬者側も平静さを失ってしまった。ある者は投げつけられた物を拾って投げ返し、また他の者は工場の地下にある事務所に押しかけ、工員たちの狼藉をすぐやめさせるよう抗議した。しかし、彼らが興奮してまくしたてる片言の英語まじりのイディッシュ語の意味をほとんど理解できなかった事務職員たちは、階上で何が始まっていたのか、いまだまったく気づいていなかった。そして、怯えた幹部職員が、市警に電話をかけ「無法のユダヤ人暴徒」から自分たちを保護してくれるよう要請したのである。

その頃、地上ではユダヤ人側が反撃に転じはじめていた。彼らは近くの橋梁建設現場から大量の煉瓦片を手に入れてきたからである。また近くに住むユダヤ人女性のなかには、日頃の恨みをはらすべく、エプロンいっぱいに石礫《いしつぶて》を集め、会葬者へ配る者まで現れた。形勢は逆転し、会葬者側が工場内になだれ込み、工員たちを次々と打ちのめしていった。約四〇分にわたる乱闘の末、逃げ遅れた一部の工員たちがバリケードを築き、そこに立て籠った。

その間、会葬者の大半は葬送の行進を再開し、現場から立ち去っていった。だが、残りのユダヤ人たちは葬列への追撃を阻止すべく、殿軍《しんがり》として現場に踏みとどまり、籠城を続ける工員たちと対峙していた。

午後一時二〇分、そこへ駆けつけたのが、ニューヨーク市警のクロス警視正が率いる約二〇〇人の警官隊であった。本当の惨劇は、実はここから始まったのである。

現場はすでに鎮静化していた。にもかかわらず警官隊は、なんの警告もせず口々に「ユダヤ人をぶっ殺せ」と叫びながら、その場に居残っていたユダヤ人に襲いかかった。警官隊による暴行は三〇分間にも及び、二〇〇人以上のユダヤ人が負傷した。

目の前で繰り広げられる修羅場を見て、その場に居合わせた東欧系ユダヤ移民のひとりが「ここはロシアなのか」と思わず叫んだ。

警察の不公平な対応ぶりは、逮捕者の内訳をみても一目瞭然だった。警察は一一人ものユダヤ人を逮捕しながら、ホー社の従業員はたったひとりしか逮捕していない。この男はユダヤ人側にホースで放水していたのだが、不運にもあやまって警官に水を浴びせてしまったからだった。

住宅への入居をめぐる競合

この暴動を生み出した前提は、移民の流入が作り出した人口的圧力であった。

すなわち、この暴動に先だつ三年間（一九〇〇〜〇二年）は、一八一九年に入国移民統計が初めて作成されて以来、アメリカに入国した移民の人数が最も多い三年間だったのである。そしてユダヤ人移民は、この三年間の移民全体の一〇パーセント、総数にして一七万六〇〇〇人にも達していたのだ。

またここで特筆すべきは、出稼ぎ的性格が強かった他の移民に比べ、ユダヤ移民は帰国率がきわめて低い、定住志向型の移民であった点である。そのため、帰国者を差し引いた永住者の数だけでみれば、ユダヤ移民はこの時期の移民集団のなかで、文句なく数的にも最大の集団であったといえる。

さらに重要なことは、ユダヤ移民の実に四分の三までが、暴動の舞台となったロワー・イーストサイド地区という狭い特定の都市空間に流入し、そこに集住したという点である。全米でも最もユダヤ人口の過密な同地区で、ユダヤ移民の流入数がピークに達した直後に、アメリカ史上最大規模の反ユダヤ暴動が発生したことは、決して偶然ではなかったのだ。

マンハッタン島南東部に位置する同地区は当時、インドのボンベイを除けば、地球上で最も人口過密な都市空間であったといわれている。

このように超過密状態に耐えながら、移民労働者がひたすら市の中心部にほど近い同地区に住み続けたそのわけは、ひとえに雇傭の確保のためにほかならなかった。彼らの職場である工場は当時、大都市中心部に集中していたからである。

さらに公共市街交通が未整備かつ高料金であった当時のこと、彼らは職場へ歩いて通える範囲内に居住する必要に迫られていたからでもある。

新来の移民が続々と到着するにつれ、同地区の人口は増加の一途をたどっていた。限りある都市空間のなか、彼らを収容できる住宅の数も限られていたため、家賃の高騰を招いたのも当然の結果だった。

このように同地区では、住宅への入居をめぐって、旧住民と新住民とのあいだで、激しい摩擦と競合が発生していたのである。旧住民たるアイルランド系は、長年にわたって住み慣れた近隣居住区が、新参のユダヤ移民の「侵入」によって脅かされていると感じ、自分たちの街からなんとかして新参の「侵入者」を排除したいという強い欲求に駆られはじめていたのだ。

こうして少しずつ育まれた敵意が、一九〇二年七月三〇日の反ユダヤ暴動を生み出した原因となったのである。

何故アイルランド系だったのか

当時のロワー・イーストサイド地区で、ユダヤ人集住地区に隣接して近隣居住区《ネイバーフッド》を形作っていた移民集団は、何もアイルランド系ばかりではなかった。実はドイツ系のキリスト教徒移民やイタリア系も隣接した地区に数多く住んでいたのである。

それでは何故、彼らではなく、アイルランド系の人々がユダヤ人攻撃の中核として、特に先鋭化していったのであろうか。次にその理由を探ってみよう。

まずドイツ系キリスト教徒移民であるが、彼らはアイルランド系よりも、より迅速に中産階級への梯子《はしご》をよじ登り、より環境の良好な郊外の住宅地へ集団で移転しはじめ、当時はそのさなかにあった。ドイツ系はアイルランド系に比べ、都市化社会、産業化社会にいち早く適応し、成功するために必要な諸条件——教育水準の高さ、職業技術などを相対的に備えていたからである。従って、ドイツ系キリスト教徒移民と東欧系ユダヤ移民とのあいだの居住空間をめぐる競合関係は、アイルランド系と東欧系とのそれより相対的に弱かった。それゆえに、東欧系ユダヤ移民に対するドイツ系の敵意も、アイルランド系のそれより、より一層弱いものであったと歴史家レナード・ディナースティンは説明している。

次にイタリア系移民であるが、彼らの多くは南イタリア、シチリア島出身の小作人や農業労働者で、その大半は読み書きができなかった。彼らはまた教育や職業技術が欠如していた点では、先住のアイルランド系とよく似ていた。

にもかかわらず、彼らと東欧系ユダヤ移民との関係はおおむね友好的なものであった。イタリア系の子供たちはユダヤ人の子供たちとよく一緒に遊び、大人たちも近隣居住区を互いに共有しあっていた。また、被服工場で一緒に働くイタリア系女性と東欧系ユダヤ移民の男性とのあいだには、すでに二〇世紀初頭の段階で、異種族間結婚《インターマリー》さえ始まっていた。

さらに、一九一〇年代から二〇年代になると、両者は被服産業という同じ職場で団結し、ストライキ体験を共有することによって「民族」の違いを乗り越え、同じ移民労働者としての階級的連帯を育むようにさえなったのである。

それでは、何故イタリア系がユダヤ人攻撃に走ることがなかったのか。その理由のひとつに、彼らの母国南イタリアでは反ユダヤ主義的伝統が希薄であったこともあげられよう。イタリア系はアイルランド系と同じく農民的出自を残した熱心なカトリック教徒でありながら、本国在住時、ユダヤ人迫害の伝統も経験も持っていなかったのである。

それに対して、アイルランド本国ではすでに一八八〇年代以降、かなり大規模な反ユダヤ暴動が継続的に発生していた。

二〇世紀初頭のアメリカで、アイルランド系がユダヤ人攻撃の先兵として先鋭化していった原因のひとつに、彼らが本国アイルランドから持ち込んだ反ユダヤ主義の伝統にも注目しておくべきであろう。

ポリース・ブルータリティを生み出した背景

ここで述べた暴動を生み出した背景には、アイルランド系対東欧系ユダヤ移民というエスニック・コンフリクトの対立図式だけではなく、警官対地域住民という対立図式も存在していた。この図式のなかでとりわけ重要なのはポリース・ブルータリティ（警官による市民に対する蛮行）という要因である。

今日のアメリカではいうまでもなく、ポリース・ブルータリティによる最大の被害者は黒人である。一九九二年の五月に発生したロス暴動も、警官の暴力が暴動を引き起こした直接の原因であったことは我々の記憶にまだ新しいところである。

それでは一九〇二年の暴動の際、この反ユダヤ暴動を鎮圧すべき立場にあった市警察が何故、暴徒の側に与《くみ》してユダヤ人会葬者への非道な蛮行に走ったのであろうか。警官たちの行動の背景には第一に、政治的ラディカリズムに対する根強い敵意が潜んでいたと思われる。

警官という職業は法と秩序と体制の維持者である。とりわけ当時のアメリカでは、彼らは社会主義に代表される政治的ラディカリズムに敵対するよう、警察機構の内部で教育されてきた。一方、東欧系ユダヤ移民のなかには、すでに本国にいた時、社会主義思想の洗礼を受け、移民先のアメリカで労働組合運動やさまざまな現状変革運動に傾倒する者も多く、その割合は人口に比してかなり高かったのである。こうした社会的現実をふまえ、多くの警官が「東欧系ユダヤ移民＝社会主義者」という偏見を抱くようになり、次第に敵意を募らせていった。

警官たちが敵意を募らせたもうひとつの背景には、東欧系ユダヤ移民のなかに公衆衛生条例違反や風紀紊乱《びんらん》などの軽犯罪で逮捕される者が多く、日頃から警官たちをてこずらせていたという現実があった。そうした軽犯罪で逮捕されるユダヤ人の多くは路上の行商人で、行商こそ当時の貧しい東欧系ユダヤ移民の代表的エスニック・ビジネスでもあったからだ。

例えば一九〇六年、マンハッタン島の全域で、手押し車で営業していた行商人の実に六割までが、ユダヤ人によって占められていたという報告もある。

そうした軽微な犯罪のなかでも、特に警察側を悩ませていたのが、日曜強制休業法《サンデー・クロージング・ロー》の違反であった。これはキリスト教の安息日である日曜日に、一切の営業活動を禁止する法律で、当時多くの州で施行されていた法律だった。

この法はユダヤ教信仰に忠実な正統派ユダヤ教徒にとって、深刻な経済的損失を強いるものであった。というのも、土曜日を安息日として厳格に守らねばならなかった彼らには、この法によって一週間に二日も休業することを強いられたからである。その多くが正統派ユダヤ教徒である東欧系ユダヤ移民行商人はその結果、違法であることを承知で日曜日の営業を続けたのである。そして当時、街頭を巡察する警官たちにとって、この法律の違反者を摘発することは重要だが面倒な任務のひとつでもあった。

取り締まる側と取り締まられる側の「いたちごっこ」はいつまでも続き、警官たちは東欧系ユダヤ移民の行商人を次第に目の敵にしていった。

結果的に当時のアメリカで、東欧系ユダヤ移民はヨーロッパ系移民集団のなかでも、市警から最も手荒いポリース・ブルータリティを加えられる存在となった。それは例えば、ユダヤ人行商人たちが市立公園のなかで、大声でしゃべっていたという理由だけで殴打されるといった、実にひどい扱いを受けたりもしたのである。

蛮行を許したものは何か

こうした蛮行を許し続けてきた背景には、当時の地方政治のあり方があった。商人としての才能にたけたユダヤ人行商人との競争に敗れてきたアイルランド系が、その才能を最も発揮したのは、実は地方政治の舞台であった。

アイルランド系はその堪能な英語力、比較的古くからアメリカに住んでいたこと、そして数の力を武器に民主党の政治家として、地方政界にいち早く進出できたからだった。

その際、彼らが築き上げたのが、ボスマシーンと呼ばれる大都市の移民集住地区に根を下ろしたピラミッド型の集票機構であった。公的な社会福祉制度がまったく存在していなかった当時のアメリカでは、ボスマシーンを運営するアイルランド系のボス政治家たちが、外国からやってきたばかりの貧しい移民集団に対し、手厚い個人化されたサービスを提供したのだった。貧しい移民たちが何を求めているのか、彼らのニーズをなかなか理解できない共和党系のワスプ政治家たちを尻目に、ボス政治家たちはまんまと移民たちをその傘下に取り込むことに成功したのである。そしてそのサービスの見返りとして、ボス政治家たちは選挙の際、移民たちの組織票を得ることができたのだった。

選挙で勝利を収めたボス政治家が何をしたかというと、同胞の手下たちを次々に警官や消防士などの公務員に就かせたのである。やがて彼らは公務員への就職を自分たちの既得権益と考え、アイルランド系以外の者が公務員になることを許そうとしなくなった。その結果、ニューヨーク市では市警察官の大半がアイルランド系によって占められるという異常な事態になってしまったのだ。

一九一〇年の時点で、すでに同市全人口の約四分の一を占めるようになっていたユダヤ人などは、約一万人の市警察官のうち、わずか二〇〇人、全体の二パーセントにすぎなかった。アイルランド系を優先的に採用するこの同族登用《ネポチズム》は、一九三三年の選挙で当選したイタリア系の市長ラ・ガーディアのもと、公務員採用に学力試験《メリット・システム》が導入されるまで長く続いたのである。

こうした露骨な同族登用が続いた結果、市警察を掌中に収めたアイルランド系の警官たちは、法の執行者としての職務よりも、自らの属するアイルランド系同胞集団の利益を優先して行動するようになってしまった。そんなわけで彼らは、近隣居住区をめぐって常日頃から同胞集団と対立し、トラブルの絶えなかった東欧系ユダヤ移民に対し、その人権を無視した蛮行を繰り返し、恥じることがなかったのである。

しかし、ユダヤ人側も彼らの蛮行にただ甘んじてきたわけでは決してなかった。この暴動の前年、一九〇一年のニューヨーク市長選挙では、ユダヤ人住民はアイルランド系が支配する民主党のボスマシーンに強く反発し、共和党の候補者セス・ローにこぞって投票。このユダヤ人住民の組織票がワスプ出身のエリート政治家ローの当選を助けたといわれている。

この年の市長選挙では、ボス政治家の支配下にある市警察の腐敗した体質が大きな争点になっていた。この争点をめぐってユダヤ人住民は結束して、民主党系のボスマシーンに反旗を翻したのである。そして、このような明確な政治的対立があったからこそ、警官たちは、殿軍《しんがり》を務めていたユダヤ人たちに罵声を浴びせながら襲いかかるといった狂態まで演じてみせたのであった。

警察の蛮行に対する調査委員会の発足

警察が牙をむいたこのような蛮行に対して、ニューヨーク市内に住むユダヤ人たちはそれを一過性の突発的現象としてではなく、長年にわたる組織的かつ持続的迫害の一部であると考えた。彼らは事件当日の夜から直ちに市警に対する抗議集会を市内各地で繰り広げた。ユダヤ人社会の代表たちは市長のもとに行き、クロス警視正の即時罷免と真相究明を求めた。共和党系の市長ローの対応は迅速だった。前年の選挙のおり、ユダヤ人社会の組織票が自分の有力票田であったことを、彼は忘れるはずもなかったからである。

市長は、現場に出動した全警官に対して、まず警察内部での尋問調査を開始した。

しかし、そこでは警察特有の仲間同士のかばい合いが横行するばかりで、同僚の不利になる証言は一切なされなかった。この時クロスは、暴動を引き起こした責任はむしろユダヤ人側にあり、警官隊による暴行など存在しなかったとさえ主張し、罷免要求を退けようとした。

この主張に対抗して、市長ローは真相究明のため、高い見識を持つ五人の市民からなる調査委員会を発足させた。その人選はまさに正鵠《せいこく》を射たものであった。五人のなかに当時、多くの人から尊敬されていたふたりのユダヤ人、ルイス・マーシャルとネイサン・ビジュアーが含まれていたからである。また残り三人のキリスト教徒も公正な見識でよく知られた人物であった。この委員会による調査は一九〇二年八月一二日、一般市民にも公開される公聴会という形式で始められ、そこに数多くの目撃者や暴動参加者が出席し、次々と証言を行った。

三週間後、同委員会は全会一致で承認した調査報告書を提出、その内容は、ユダヤ人の会葬者側に過失はまったくなく、騒乱の主たる責任はホー社の従業員側にあると論じたものだった。さらに、職務を果たすどころか被害者である会葬者側に襲いかかった警察の非を厳しく叱責し、市警の反ユダヤ的体質を明らかにしたのであった。

警察側の過失を審理する裁判が始まったのは同じ年の一二月のことであった。この裁判でクロス警視正に対して有罪評決が下されると、その直後、クロスが懲戒免職処分となったことはいうまでもない。

った。

果たされた神の復讐

この裁判を機に、警察の改革に取り組もうとした市長ローの計画は結局実現することがなかった。

警察の圧制からの救済をユダヤ人たちに期待させた警察改革が流産してしまったのは、次の市長選挙で、巻き返しをはかった民主党のボスマシーンに、ローが敗北してしまったからである。そしてまた、その後の三〇年間のほとんどの時期を通じて、民主党のボスマシーンがニューヨーク市政を牛耳ってしまったのだ。

かくしてアイルランド系のボス政治家が支配する市政の腐敗も温存され、ユダヤ人に対する警察の横暴はその後もやむことはなかった。

改革に対するユダヤ人側の期待がついえさった一九〇四年、ホー社の従業員たちは会社主催の慰労行事の一環として、イースト川を溯航する遊覧船に乗り船遊びに出かけた。ところがその途中、この船は思わぬ火災に見舞われ、多くの従業員たちが命を落とすことになったのである。ユダヤ人たちはこの報に接すると、この火災を神の御業《みわざ》と考えた。聖なるラビの葬列を汚した輩に天の復讐の鉄槌が下されたのだと。

第三章　自動車王ヘンリー・フォードの汚点

その七年間にもわたる反ユダヤ・キャンペーン

ヒトラーに霊感を与えた男

ナチスドイツが公職からユダヤ人を追放しつつあった一九三七年の夏、「ニューヨーク・タイムズ」紙のある記者が、ミュンヘンにあるナチス党本部のヒトラーの執務室を訪れた時、彼はいきなり自分の目に飛び込んできた光景に思わず息をのんだ。ヒトラーの執務机のかたわらに、ヘンリー・フォードの等身大の肖像写真が飾られていたからである。

それればかりではなかった。控えの間のテーブルにうずたかく積み上げられていた反ユダヤ的内容の小冊子を手にした時、その記者はまたも驚いてしまった。どの小冊子にもフォード直筆の署名がなされていたからである。

これまでフォードについて一般の人々が抱いてきたイメージといえば、低価格の自動車を提供することによって大衆に移動の自由をもたらした実業家、一九二〇年代アメリカ産業界最大のヒーローといった肯定的なものばかりであった。それればかりでなく、彼は当時としては破格の賃金、日給五ドルを最低給料として保障することで、会社の利益を全従業員に還元し分かち合うことを実行した偉大な人道主義的実業家だと、各界から絶賛され、ノーベル平和賞の候補にも名を連ねたほどだったのだ。

では、そのような人物の肖像写真が、いったい何故ヒトラーの執務室に飾られていたのであろうか。それは、いまだ世に出る以前の若きヒトラーが、自らの思想を形成していく途上、フォードが彼に多くの影響を及ぼし、それゆえヒトラーは終生、フォードを敬愛してやまなかったからであった。

ヒトラーがいかに強くフォードの影響を受けていたか、そのことを物語る証拠のひとつが、『我が闘争』のなかにある。

のちにナチスの聖典となるこの本は一九二三年、ミュンヘン一揆に失敗し、国家反逆罪の咎《とが》で服役中であったヒトラーが獄中で口述筆記させたものであるが、このなかでヒトラーが好意的に言及している唯一のアメリカ人が、ほかならぬこのフォードなのである。

フォードに対する賞賛は、ナチスが権力を掌握した後になってもずっと続いていた。一九三一年のクリスマスの直前、「デトロイト・ニュース」紙の特派員の取材を受けたヒトラーは、「自分にとってフォードは霊感《インスピレーション》である」とさえ語っている。また彼がフォードから受け取ったものは、思想的な影響や道徳的な支持ばかりではなかった。

その額は不詳だが、実はフォードからヒトラーへ莫大な活動資金が渡されていたふしがある。というのも、ヒトラーはフォードから莫大な援助を受けていると、自分の側近や追従者たちに向かって自慢げに語っていたからである。

さらにフォードが七五歳の誕生日を迎えた一九三八年、ヒトラーは彼に個人的な祝辞を贈ると同時に、第三帝国が外国人に与える最高の栄誉である「ドイツ鷲最高勲章」を贈っているのだ。この事実は、両者の親密な関係をうかがわせる、何よりの動かぬ証拠といえるのではなかろうか。フォードとヒトラー、人類の歴史の光と闇を象徴する、この一見対照的なふたりを結びつけたものはなんであったのだろうか。

事の起こりは一九一九年、当時廃刊寸前の状態にあった週刊新聞「ディアボーン・インディペンデント」紙をフォードが買収したことに始まる。ディアボーンとはデトロイト郊外にある、フォード社の企業城下町であり、そこはまたフォード自身が生まれ育った故郷でもあった。そしてフォードは、自らの人生哲学や事業哲学を開陳するべく、この新聞を買収したのだった。

反ユダヤ・キャンペーン始まる

一九二〇年五月二〇日、全米のユダヤ人は途方もない衝撃を受けた。それはなんの前ぶれもなく「ディアボーン・インディペンデント」紙を舞台に、反ユダヤ・キャンペーンが始められたからである。

仮に、このキャンペーンの担い手が単なる泡沫右翼のようなものであれば、ユダヤ人社会もそれほど驚かなかったはずである。その種のキャンペーンなら一九世紀後半以降、それほど珍しいことではなかったし、いずれも小規模かつ短命なものに終わっていたからである。

しかし、今回のキャンペーンが、多くのアメリカ人から敬愛されていた人物、フォードの新聞を舞台に行われた事実に、ユダヤ人たちは度肝を抜かれたのだ。この日以後、途中中断はあったものの、七年間の長きにわたって、計九一回に及ぶ反ユダヤ的特集記事が同紙上で連載されたのである。同紙で繰り広げられた反ユダヤ・キャンペーンは、その長期間にわたる持続性と発行部数の多さという点で、アメリカ史上、最大の反ユダヤ・キャンペーンであったといえよう。

「国際ユダヤ人——世界の問題」と銘打たれたこの特集記事のなかでフォードは、創造的産業と国際金融勢力とのあいだの世界的規模の闘争、という世界観を提示し、後者の中心とみなされるユダヤ人金融資本を倒さないかぎり、前者の勝利は訪れず、アメリカ社会の諸矛盾も解決されないと主張したのである。

この新聞社の社主はもちろんフォードであったが、記事の大半を実際に執筆したのは、デトロイトで長年、地方紙の編集に携わり、今回編集長として招かれたウィリアム・キャメロンという人物であった。

実は小心者のキャメロンは当初、自分がこれから執筆しようとしている記事に対する反響の大きさを想像して不安にかられていたのだが、執筆し続けているうち、いつしか彼自身がその害毒にかぶれてしまい、ついには自分が捏造《ねつぞう》した記事の内容を、事実のごとく信じ込むようにさえなってしまった。

一方、フォードから同紙の経営面を任されていた人物は、支配人のアーネスト・リーボルトであった。彼はキャメロンと異なり、同紙の運営に参加する以前から筋金入りの反ユダヤ主義者であった。また、ドイツ系という出自に誇りを持っていた彼は、ドイツが成し遂げてきた偉業を熱狂的に賞賛してやまないドイツ至上主義者でもあった。フォード本社内での彼の肩書きは、フォードの私設秘書にすぎなかったが、日常のオフィスワークを極度に嫌っていたフォードから大きな権限をゆだねられていたため、実際には本社内においても、ジェネラル・マネージャー以上の権限を行使していた。

リーボルトはまた、反ユダヤ情報の収集責任者という役割も担っていて、著名なユダヤ人たちの私生活のあらさがしをする目的で、ニューヨークに調査事務所を構えてもいた。そこで彼が傭った夥しい数の探偵たちは、陸軍諜報部の元部員をはじめ、その道のプロばかりであった。

やがて探偵たちの集めた情報は続々ディアボーン・インディペンデント社に送られてきた。これらの情報を取捨選択しながら、まずキャメロンが草稿を書き、リーボルトと協議したうえ、最終的な原稿に整えられていった。もちろん社主のフォード自身も編集室に足繁く立ち寄り、具体的指示を与えたりもしていたのである。

世に放たれた世紀の偽書『シオン賢者の議定書』

探偵たちの情報収集活動が活発化するにつれ、それまでアメリカ社会の闇に潜んでいた反ユダヤ主義者たちが次第に、情報提供者として名乗りをあげはじめてきた。なかでも最も重要な役割を果たしたのが、ロマノフ王朝支持派の亡命ロシア人、ボリス・ブラゾルであった。彼は母国にいた頃、悪名高い反ユダヤ的テロ組織「黒百人組」の幹部でもあった。

ロシア革命の直後、アメリカへ亡命した彼は一九二〇年以後二年間近く、リーボルトの配下となって情報を提供し続け、また自らも反ユダヤ的記事を執筆する寄稿者のひとりとして、フォードから俸給を得る身にもなっていた。さらにブラゾルは、ロシアと同様のポグロム（ユダヤ人虐殺）をアメリカ国内でも引き起こすことができると、編集部内で吹聴していたともいわれている。

ブラゾルが同紙の興隆に寄与した最大の功績は、当時アメリカ国内ではほとんど知られていなかった「プロトコル」の英訳をいち早く作成させ、その「信憑性」をフォードに納得させたこと、そして、その英訳を下地にして作成した記事を、同紙に連載記事として掲載するようフォードに進言し、その説得に成功したことであろう。

プロトコルとは何か。それは一八九七年の第一回シオニスト大会の席上で、ユダヤの長老たちが、世界支配を目論むユダヤ人の陰謀家たちに与えるために作成した指令書といわれているもので、日本語では『シオン賢者の議定書』と訳されている。もちろん、このいい伝えはまったく虚偽そのもので、事実は帝政ロシアの秘密警察の命を受けたセルゲイ・ニルスという人物が捏造した、事実無根の偽文書であった。

当時、ロシアの秘密警察は帝政に対する民衆の不満をそらすため、幾度となく民衆をそそのかしてポグロムを行わせてきた。そのことからも推定できるように、この偽文書を作らせた秘密警察の意図は、明らかにポグロムを煽動するための証拠作りにあったといっていいだろう。

一九〇四年、ロシア語で最初に出版されたプロトコルは、一九一七年一一月のロマノフ王朝崩壊後、帝政支持派の亡命ロシア人たちの手によって国外へ持ち出された。この書物はその後、世界各国でさまざまな言語に翻訳されたが、例えば日本語版も早くも一九一九年、ウラジオストックで日本の軍関係者の手によって出版されている。そしてアメリカには、ブラゾルによって持ち込まれたものと考えられている。

「ディアボーン・インディペンデント」紙の編集部内で、このプロトコルの内容が逐一検討されはじめたのが一九二〇年の六月中旬。その内容をもとに作成した特集記事を、同紙が連載しはじめたのは同年七月二四日のことであった。

さらに、この特集記事のダイジェスト版は四冊本の『国際ユダヤ人』という題名でリプリントされ、世界一六か国語に翻訳、出版されて広く世界中で読みつがれていった。

こうして同紙の特集記事とそのダイジェスト版は、プロトコルが語る邪悪な妄想を世界中に広めるうえで、最も大きな役割を果たしたのである。というのも、一九二七年末に廃刊されるまで四七九万五〇〇〇ドルという莫大な資金を投入して達成されたその発行部数の多さ、英語という国際的共通語で書かれたということのほかに、フォードのような国際的にも声望の高い実業家がプロトコルの「信憑性」を保証したことによって、多くの人々がその内容を信じ込んでしまったからである。

そういう意味でもフォードは、まさにプロトコルという妖怪を、パンドラの箱のなかから解き放つといった重大な罪を犯してしまった人物といえるだろう。

ナチスの聖典になった『国際ユダヤ人』

世界一六か国語に翻訳された『国際ユダヤ人』は、とりわけ両大戦間期のドイツで最も多くの読者を得た。その背景には、戦勝国側からの苛酷な戦時賠償の取り立てに苦しめられ続けたことによって高まった、ドイツ国民の被害妄想があった。ドイツ国民の多くは、前の大戦でドイツが敗北した理由は「ユダヤ人の裏切り」によるものと、固く信じていたからである。

一九二一年には早くも『国際ユダヤ人』第一巻のドイツ語版が出版され、ドイツとオーストリアで数万部販売されたのを手始めに、一九三三年まで版を重ね、ドイツ国内だけでも一九版もの多きに達した。

一九二〇年代前半のドイツ国内では、世論を反ユダヤ主義へ導く推進力という意味ではいまだ弱体だったナチスのプロパガンダより、フォードという国際的名声に支えられた『国際ユダヤ人』のほうが、より大きな力を発揮したのである。

そういう意味でもフォードの出版した『国際ユダヤ人』は、両大戦間期のドイツにおける反ユダヤ運動を導いた最初の「聖典」となったのである。

1927年（昭和2年）に二松堂書店から出版された『国際ユダヤ人』の邦訳本の発売広告
邦題は『世界の猶太人網』となっている。

さらにいえば、この書物はドイツ国民をホロコーストへの道へと歩ませた、その責任の一端を負うべきものであった。事実、この『国際ユダヤ人』はドイツで、ヒトラー・ユーゲント向けの教化用教材として長年にわたって使用され、ナチズムを支えた草の根のドイツ民衆の思想形成に大きな役割を果たしてきたのである。その一例を紹介するなら、かつてヒトラー・ユーゲントの指導者であったある人物は、戦後のニュルンベルク裁判のなかで以下のように証言している。

「自分はこの本により、ユダヤ人に対する偏見を最初に育まれたのである……この本が、ドイツ人青少年の思考に、どれほど大きな影響を及ぼしたかは測り知れないものがある」と。

読者は誰であったのか

「国際ユダヤ人——世界の問題」の連載が始まるや、それまでまったく無名の存在でしかなかった地方紙「ディアボーン・インディペンデント」は一躍、全国的注目を集めるようになり、多くの読者が喝采を贈った。またフォードのもとには賛辞のみならず寄付金を送ってくる者さえ少なくなかった。そうした反響の大きさは発行部数の急増によってもよくわかる。

一九一九年末の買収時に七万二〇〇〇部にすぎなかった発行部数は、反ユダヤ・キャンペーンの開始とともに急増し、一九二二年には二七万部、二三年中頃には四七万部、そしてピーク時の二五年には七〇万部にも達している。この七〇万部という数字がいかにすごい部数であったかは、当時全米で最大の発行部数を誇ったニューヨーク市内の日刊紙「デイリー・ニュース」でさえ七五万部にすぎなかったといえば、よくわかるであろう。

通常、発行部数のなかには売れ残りも含まれているから、「発行部数＝実読部数」という公式がそのまま成立するわけではない。だから、ピーク時の七〇万部といえど、果たして実際にはどれだけ読まれていたのか、はなはだ疑問視するむきも多かった。

だがこの点に関して、歴史家のレイノルド・ウィックが「一九二六年時の定期購読部数は六五万七〇九六部であった」ことを突き止めている。彼の調査から判断すれば、発行部数にかなり近い部数が実際、定期的に読まれていたと考えて間違いないであろう。

次に、読者層の姿であるが、そのことを実証的に解明した研究はなく、何人かの研究者が断片的史料に基づいて、推測を試みているにすぎない。

そうした研究者のひとりウィックは、読者層の三分の二は農場や田舎町で暮らす人々であったと推測している。

おそらく主要な読者層は農村的生活様式に固執して、産業化や都市化が進むなか、時代の変化に適応できずにフラストレーションを感じていた人々だったのであろう。

反ユダヤ主義への加担を強要されたディーラーたち

発行部数が急増した原因には、フォード社販売代理店《ディーラー》店主に対する半ば強制的ともいえる販売委託制度の存在も指摘されている。

各販売代理店の店主たちは、ユダヤ人問題に対するフォードの立場を支持するよう強要されただけでなく、割り当てられた部数を自力で、毎週販売することを余儀なくされていたからである。定価は一四ページだて一部五セント、年間購読料は一ドルであった。

しかし、こうした強要を嫌って、フォード社とのフランチャイズ（特定の地区での一手販売権）契約を解消した代理店は少数にとどまった。一九二〇年代前半のアメリカにおけるフォード社の自動車市場支配力は、いまだ他社の追随を許さぬほど強力であったからである。例えば一九二三年、同社はアメリカ国内の低価格自動車部門のシェアの七五パーセントを支配し、自動車市場全体でも約六割を占有していたのだ。

それにしてもフォード本社の内部に、反ユダヤ・キャンペーンに反対する社員はひとりとしていなかったのだろうか。いや、いたのである。しかし、公然と異議を唱える者は、それがいかなる人物であれ、最終的には社外に放逐されてしまうシステムが、フォード社には確立されていたのである。追放された社員のなかには、同社の財務担当重役のような有力者さえ含まれていた。またヘンリー・フォードの長男エドセルでさえ、キャンペーンに消極的な態度を示し

ヘンリー・フォード（右）と歓談するレオ・フランクリン

たというだけで、それ以後、父のヘンリーから徹底的に疎《うと》んじられるようになった。

また、ヘンリー・フォードがキャンペーンを開始した一九二〇年という年は、それまで共同経営者が保有していた持ち株もヘンリーがすべて買収し、ただひとりの社主兼大株主となり、社の支配権を完全に掌握した年でもあった。

換言すれば、社内で誰も彼に異を唱えることができない超ワンマン体制を確立したのちに、彼は反ユダヤ・キャンペーンを始めたことになる。

善いユダヤ人と悪いユダヤ人

「ディアボーン・インディペンデント」紙上にユダヤ人を誹謗する記事が初めて登場した日、

レオ・フランクリンという人物が、ヘンリー・フォードから贈られたばかりの新品のT型乗用車を突き返してきた。フォードは大変驚き、電話口でレオにこう尋ねた。

「いったいどうしたの、フランクリンさん。ぼくらのあいだに何かあったの？」

彼フランクリンは古くからのフォードの隣人であり、いわば私生活面での「家族ぐるみの友人」でもあったからだ。ふたりの親交の証として、またフランクリンが果たしてきた地域社会への奉仕活動を讃えるという意図もあって、フォードは一九一三年以来、毎年彼に新品のT型車を贈与し続けてきたのである。

実は何を隠そう、フランクリンはユダヤ教のラビであり、デトロイト・ユダヤ人社会の信望厚い霊的指導者でもあったのだ。それなのにいったい、ユダヤ人である彼とフォードはどうして「友人関係」を保つことができたのか。そこにフォードのユダヤ人観の特色があった。

つまりフォードは、善悪二元論的な素朴な発想で、「善いユダヤ人」と「悪いユダヤ人」を明確に分けて考えていたのである。

フォードが考える「悪いユダヤ人」とは国際ユダヤ人金融勢力《インターナショナル・ジューイッシュ・ファイナンシャー》であり、一方「善いユダヤ人」とは地域社会のなかで慎ましく暮らし、勤労にいそしむユダヤ人のことであった。だからフォードにとって、フランクリンは間違いなく「善いユダヤ人」であったのだ。反ユダヤ・キャンペーンを展開していた期間中にも、フォードが自分の工場に約三〇〇〇人ものユダヤ人を工員として雇傭し続けていた（ただしホワイトカラーとしては一切採用しなかった）のも、このようなフォードのユダヤ人観の表れであった。

つまりフォードはユダヤ人を、ただ単にユダヤ人であるという理由だけで攻撃したわけではなかったのだ。「国際的な」（＝外国とつながっている）「金融業者」（＝寄生的存在）であるがゆえに「悪い」として、ユダヤ人を攻撃したのである。

反撃に転じるユダヤ人

フォードが反ユダヤ・キャンペーンを始めると、ユダヤ人側も直ちにこれに反撃しはじめた。反撃の急先鋒に立ち、最も感情的な攻撃の叫びをあげたのがイディッシュ語新聞で、その読者は当時のアメリカ国内では最も先鋭的なユダヤ人意識の持ち主、東欧系ユダヤ移民一世たちであった。だからこそイディッシュ語新聞は、ユダヤ系ジャーナリズムのなかでも反ユダヤ主義に対して、最も戦闘的な対決姿勢をとることができたのである。

イディッシュ語新聞の大半は、まずフォード社の広告掲載を拒否した。ついでユダヤ人ユーザーに向かって、「あなたが今度フォード車に乗る時は、フォードがあなたに何をいったのか思い出してみよう」と語りかけ、フォード車の不買運動を呼びかけたのだ。

フォード社の販売網が最も強固で、ユダヤ人ユーザーもほとんど居住していない農村部では、こうした不買運動は実を結ばなかった。しかし、東欧系ユダヤ移民人口が最も多く集中していた北東部や中西部の大都市では、次々と組織されていった不買運動の成果もあって、フォード車の売れ行きにかなりの打撃を与えた。

東欧系ユダヤ移民たちの戦闘的な反撃と時を同じくして、エリート層に属するドイツ系ユダヤ人たちも、舞台裏での交渉により事態の打開をはかろうとしていた。彼らのリーダー、ルイス・マーシャルは、フォードのキャンペーンを中止させようと一九二一年七月、現職の大統領ハーディングに仲介を求めたのである。ハーディングはフォードの社交仲間たちと個人的に親しい関係にあり、交渉仲介役として適任であったからだ。

実際二二年一月一四日、フォードが反ユダヤ・キャンペーンを一時中止するという宣言を発表した背景には、マーシャルの求めに応じたハーディング大統領のとりなしがあったと考えられている。しかし、この宣言は一年もたたずに破られ、同年一一月にキャンペーンは再開されたのだった。

フォードを訴えた男、サピロ

フォードは自分が指揮したこのキャンペーンのなかで、当時実在した幾人ものユダヤ人を「国際ユダヤ人」のシンボルとして、名指しで非難し、個人攻撃を加えた。その標的としてえりぬかれたユダヤ人は、いずれも全米に多大な影響力を発揮していた金融業者、政府要人、法曹関係者など著名な人物ばかりであった。

そんな彼らのなかに、自らに加えられた誹謗中傷に対して、法廷闘争にまでもちこんで対決していこうとする者はほとんどいなかった。何故なら、著名ユダヤ人の大半を占めていたドイツ系上層ユダヤ人の、反ユダヤ主義に対する伝統的な対処方法は、大物の仲介者を調停に立てた舞台裏での交渉によって、穏便に事態の収拾をはかろうとするものであったからだ。また、体面を重んじるお上品な彼らにとって、世間の注目を集めることになる法廷闘争主義にはなじめなかったからでもある。

だが、標的にされたユダヤ人のなかに、フォードにひとり敢然と挑み、彼を文書誹毀罪《ひきざい》で訴えた男がいた。その名はアーロン・サピロ、東欧系ユダヤ移民二世という出自。幼くして父を失い、ユダヤ系孤児院で六年半を過ごしたという経歴は、著名ユダヤ人のなかでは、彼が異色の苦労人であったことを示している。いわれなき抑圧に敢然と立ち向かう彼の気性も、こうした出自と経歴によって培われたものだったのだろう。

よるべない身の上であったが、彼は高等教育を受け、弁護士の道へ進むことができた。地元サンフランシスコのユダヤ教会衆組織が後援者となり、学資を援助してくれたからである。貧しくとも優秀な若者に対して進学のチャンスを与えるシステムが、欧米社会の他のエスニック集団に比べ、歴史的にしっかり整えられてきたのがユダヤ人社会の特色でもあった。

地元カリフォルニアで弁護士事務所を開業したサピロは、顧客である農民団体のために弁護活動を続けるなか、第一次世界大戦後の慢性的な農業不況に苦しむ農民たちの暮らしをつぶさに見てきた。

農民の生活を向上させるためには何をすればいいのか。なんとか現状を変革したいという旺盛な意欲の持ち主であったサピロは、この難問に取り組み、やがて出した結論は「市場が農民を支配するのではなく、農民が市場を支配する」というものであった。つまり、農民の生活向上を実現するためには、農業協同組合を組織して農民が結束する以外に道はないとして、サピロは組合の組織化をライフワークとすべく、自らの法律的知識を武器に活動しはじめたのである。

フォードがサピロを攻撃した理由

サピロの取り組んだ組合運動はやがて燎原《りょうげん》の火のごとく広がり、サピロが全米各地で組織した総数約六〇にのぼる農業協同組合に加入した農民の数は、一九二三年四月までに五〇万人にも達していた。

彼は協同組合の組織化を通じて、不当に高い料金を設定していた鉄道会社や倉庫会社による搾取から、農民を解放することに成功したのである。次第に全国的な名声と尊敬を集めつつあったサピロを見逃さず、フォードが反ユダヤ・キャンペーンの標的と定めたのは一九二四年四月のことであった。

フォードがサピロを攻撃対象に選んだ理由を、さらに詳しくみてみよう。

第一に、自由競争原理の熱烈な信奉者であるフォードが、およそ組合運動と名のつくものを蛇蝎《だかつ》のごとく嫌っていたということがあげられよう。彼は、「協同組合が農産物の価格を人為的につりあげることはよくないことだ。農民は生産の効率化をはかり、その自助努力によって生産コストを引き下げるべきだ」と主張していた。

第二の理由は、農民こそフォード社の最良の顧客であり、そんな農民の心を捉えつつあったサピロに、フォードが脅威を抱いていたからであった。

農民はフォード社の主力製品である、低価格乗用車の購買層であったばかりか、同社が生産するトラックやトラクターの主要な購買者でもあった。そのような農民たちから大きな支持を集めつつあったのがサピロである。今後の彼の言動いかんによっては、自社製品の売れ行きが大きく左右されるような事態になりかねないと、猜疑心の強いフォードは恐れたのである。

そういう事態を避けるためにも、サピロと農民のあいだに楔《くさび》を打ち込み、亀裂を作り出すことが必要であるとフォードは考えたのである。その結果、農民たちにサピロへの不信感を抱かせることを狙った誹謗キャンペーンを始めたといっていい。

このキャンペーンにあたって使用されたレトリックは、「サピロの背後には国際ユダヤ人金融勢力が控えており、彼らはサピロの活動を通して、主要農産物の生産と出荷を支配しようとしている」「サピロが始めた農業協同組合運動とは、アメリカの農民をユダヤ資本のもとに組み込むための隠れみのにすぎない」というものであった。

こうしたいわれなき誹謗に対し、サピロは一九二五年一月、「ディアボーン・インディペンデント」とその社主フォードを相手どり、「私自身とわが人種」の名誉を回復するため、一〇〇万ドルの賠償金を求める訴訟を起こし、デトロイトの連邦裁判所に提訴した。

裁判の争点――フォードの個人責任の行方

サピロ対フォード裁判の法廷審理が実際に始まったのは一九二七年三月のこと、その主要な争点はフォードの個人責任をめぐる問題であった。

原告側はディアボーン・インディペンデント社のみならず、フォードの個人責任に関しても厳しい追及の手をゆるめなかった。これに対抗して被告側は、キャンペーンの責任を部下のキャメロンとリーボルトに転嫁することで、フォードを守り抜こうという作戦にでた。

被告側のいい分は、フォードは同紙の編集にはまったく関与しておらず、そこに掲載された記事の内容については何も気づいていなかった、というものであった。しかし、それはまったくのいい逃れでしかなかった。現実にフォードは、反ユダヤ的内容の記事に強い関心を寄せ、足繁く編集室を訪れていたばかりか指示さえ与えていたのである。

記事がフォードの指示のもとに書かれていたものであったことは、後年出版されたリーボルトの回想録からも明らかである。リーボルトはこの回想録のなかで「フォード自身が望んだからこそ、ユダヤ人攻撃は実行された」とはっきりと認めている。そしてフォードは当時、反ユダヤという妄想に常にとりつかれ、四六時中、ユダヤ人についてあれこれ語っていたともいわれている。

フォード個人の責任を追及しようとした原告側は、当然のことながら法廷へフォード自身が出廷するよう要求した。

だが、これこそがフォード側弁護団の最も恐れることであったのだ。何を隠そう、フォードは極度の口べたで、大勢の人前で話しはじめると、いつもしどろもどろになってしまうのだった。以前にも一度、別の裁判で、法廷での証言を求められたことがあったのだが、その時フォードという「偉人」が実は自動車以外のことに関しては、恐ろしく無知な人物であることが露見してしまい、新聞紙上で酷評されるといった苦い経験も味わっていたのである。

世間の注目を集める今回の裁判で、もし彼が証言台に立つようなことになれば、これまでに築き上げてきた「民衆の英雄フォード」というイメージが壊されるばかりか、「無学な愚か者」という印象を世間に与えかねない恐れが十分にあったのである。

だからフォード出廷という事態だけは是が非でも避けねばならなかった。それはフォード側にとって、この裁判の勝敗以上に大切なことであった。

フォード側の懸念はそれだけではなかった。

一九二〇年に始まったユダヤ人側のフォード車不買運動は、今や大きな成果を収めつつあった。またフォード社が自動車販売市場の過半数を支配していた二〇年代前半とは異なり、二〇年代中期以後、ライバルである大衆車メーカーのシボレー社が、販売市場のシェアを急速に拡大し、フォードの牙城に急速に迫りつつあった。一九二七年になると、もはやフォード社は自社の販売市場のこれ以上の縮小を許す余裕などなくなっていたのである。

さらに二七年という年は、新車販売戦略上、重要な年でもあった。フォード自身の頑迷さゆえに、これまで幾度となくモデルチェンジの機会をのがし続け、そのためにユーザーに飽きられてしまったT型車にかわる新車種、A型車を新たに売り出す年でもあったからである。フォード社はもはや、ユダヤ人のユーザーたちがシボレー車に乗っているのを見て、ただ手をこまねいているわけにはいかなくなった。そうした経営戦略という観点からも、この年にはなんらかの転換をはかる必要に迫られていたのである。

謝罪と撤回の声明

フォードが自ら自動車を運転中に事故を起こし、病院に担ぎ込まれたのは、そんな矢先のことだった。彼の怪我自体はそれほどひどいものではなかったが、この入院騒ぎによってフォードの法廷への召喚は、二七年九月まで猶予された。真相は依然として不明のままだが、この事故は出廷を先延ばしにしようとするフォード側の仕組んだ策略だと考える研究者も少なくない。

それはともかく、与えられた猶予期間が過ぎさる前に、フォード側弁護団はなんとかして結論を下さねばならなかった。結局彼らは、フォードを証言台に立たせるより、法廷の外での和解の道を選んだのである。さっそくフォード側、サピロ側、双方の仲介役が接触しはじめ、和解条件を探るべく秘密交渉を開始した。この時、サピロ側は以下の四点を和解条件としてフォード側に提示した。

一、フォードはサピロに対する公式の謝罪文を公表すること。
二、フォードはユダヤ人社会に対する誹謗記事を撤回する声明を新聞紙上に公示すること。
三、「ディアボーン・インディペンデント」紙を一九二七年一二月末をもって永久に廃刊すること。

四、リーボルト、キャメロン両名をフォード社から解雇すること。

この他にもサピロ本人は、今回の裁判係争にかかった費用一〇万六五五〇ドルの支払いをフォード側に要求した。

ついにフォード側は、これらすべての条件を受諾したのである。そして一九二七年七月三〇日、フォード側は大規模な記者会見を催し、七年間に及んだ反ユダヤ・キャンペーンの撤回声明とサピロに対する謝罪声明を世間に向けて公表し、この声明は直ちに全米の数多《あまた》ある新聞紙上に掲載された。

法廷闘争による勝利の先例

許しを乞うたフォード側の誠意のほどには疑念を抱きながらも、すべてのアメリカ・ユダヤ人は、この謝罪を歓迎した。「寛容の精神」はユダヤの民の特性でもあったからだ。

またこの事件は、反ユダヤ主義と闘い、勝利を収めることも可能なのだということをユダヤ人側に認識させた点でも重要なものであった。これまで彼らは、幾多の反ユダヤ主義的現象や事件に対抗していくため、手探りの努力を重ねてきた。だが、その多くの場合、有効な対抗策を見出すことができなかった。その点、今回の事件は、法廷闘争によって反ユダヤ主義に勝利する道筋を示したケースとして、重要な先例になったといえよう。

とはいえ、七年間の長きにわたる、この大規模なキャンペーンを通じて、ユダヤ人に対する偏見がアメリカ社会の隅々にまでゆきわたり、多くの人々のユダヤ人を観る眼差しに悪影響を及ぼしてしまった事実を想起すれば、今回の事件は取り返しのつかないほどの打撃をユダヤ人社会に与えたといえよう。その打撃の深刻さがいかばかりのものであったのか、それを測る術《すべ》はないが、民間企業の雇傭政策に少なからず悪影響を及ぼしたことだけは確かである。

妄想を抱き続けたその後のフォード

フォードは本心から改悛の情を示し、謝罪したわけでは決してなかった。つまり一九二七年の彼の謝罪声明は、公的な場における彼のユダヤ人攻撃の終わりを告げるものにすぎなかったからである。

彼はその後も反ユダヤ的妄想にとりつかれた人生を歩み続けた。例えば一九四〇年には、英国を代表する新聞「マンチェスター・ガーディアン」(現在の「ザ・ガーディアン」)紙の記者に対して「国際ユダヤ人金融が第二次世界大戦を引き起こした」と語っている。また同じ頃、反ユダヤ的右翼政党「アメリカ・ファースト党」の党首、ジェラルド・L・K・スミスに向かって「もし将来、自分が『国際ユダヤ人』の再発行ができなかったなら、スミス君、君がやりたまえ」といって励まし、活動資金を与えたと伝えられている。また二七年七月に結ばれた和解条件の第四項に関しても、当初は約束が守られたものの、その後ほとぼりがさめるや、リーボルトとキャメロンはフォード社に呼び戻され、手厚い処遇を受けている。

なかでもキャメロンは、その後も独自に反ユダヤ・キャンペーンを続けるために「アングロ・サクソン同盟」という組織を結成し、プロトコルの出版を続けた。フォードがアメリカの地で、パンドラの箱から解き放ったプロトコルという怪物を再び完全に封じ込めることは、誰にもできなかった。

反ユダヤ・パラノイアの時代

一九二〇年代を代表する国民的英雄フォードが何故「自由と民主主義の国」アメリカで、長期間かつ大規模な反ユダヤ・キャンペーンを行うことができたのであろうか。我々の前にはまだこの大きな疑問が残されている。

この問いに答えるために、我々はまず、フォードがキャンペーンを展開した一九二〇年代の時代状況にもう一度注目すべきであろう。

二〇年代のアメリカは、今日のアメリカのように、エスニック集団の多様性が尊重される時代ではまだなかった。

当時、ユダヤ人をその代表とする東南欧系移民に対する排斥感情が高まり、彼らのアメリカ入国を阻止するための差別的移民法（新移民法）が一九二四年に制定され、また第五章で詳述するように、名門私立大学において、ユダヤ人新入生の入学枠を制限する差別的入学定員制度《クォータ・システム》が、大学当局の手によって導入されたのもこの頃のことであった。

この排斥の動きは高等教育の分野にとどまらなかった。住宅や不動産の賃貸と購入、そして大企業のホワイトカラー職への就職など、ユダヤ人排斥のネットワークは二〇年代、アメリカ社会の隅々にまで張りめぐらされていたのである。

このような時代状況のなかで、フォードが反ユダヤ・キャンペーンを始めたことに注目すべきであろう。この時代、知識人も含めて、実に多くのアメリカ人が反ユダヤ・パラノイアにとりつかれていたのである。つまり、反ユダヤ主義は、単にフォード個人の心の病ではなく、当時のアメリカ全体に蔓延していた社会心理学的病理現象であったといえよう。

この時代、反ユダヤ・パラノイアにとりつかれた夥《おびただ》しい数のアメリカ人がいたからこそ、またそんな彼らがフォードの支持者、共鳴者になったからこそ、フォードは七年間にも及ぶキャンペーンを続けることができたと考えるべきなのである。

ここに興味深いひとつのデータがある。それは伝統ある全国誌「週刊コリアーズ」が、一九二四年の大統領選挙の動向を探るために、架空の投票動向調査を試みたその結果を発表した記事である。

二三年七月の同誌上に掲載されたこの調査結果によると、現職のウォーレン・ハーディングを支持する票五万一〇〇〇に対して、フォード支持票は八万八六五で、フォードが圧勝しているのである。ということは、当時のフォードは共和党選出の現職大統領を上回る国民的支持を得ていたことになる。

この調査は、フォードが二〇年五月に反ユダヤ・キャンペーンを始めてから、すでに三年二か月も経過していた段階で行われたものであることにも、注目すべきであろう。つまり、多くのアメリカ国民が、フォードという人物は頑迷な反ユダヤ主義者であるという事実をすでに熟知していた状況のなか、それにもかかわらず、彼らは架空の大統領候補とはいえフォードを支持したのである。それは裏を返せば、心の奥底ではフォードのキャンペーンに同調するアメリカ人が数多く存在したことの証とはいえまいか。こうした大勢の同調者がいたからこそ、フォードは七年ものあいだ、全国的規模の大キャンペーンを続けることができたといえよう。

都市化・産業化のエスニック・シンボルとしての「国際ユダヤ人」

我々にはもうひとつ、最後の疑問が残されている。それはフォードを「国際ユダヤ人」攻撃に駆り立てた原因は何かという疑問である。

それを探る手がかりは、実は「ディアボーン・インディペンデント」のなかにある。同紙の紙上で、フォードが「国際ユダヤ人」と並んで攻撃の対象としたものを列挙すれば、それは性道徳の頽廃であり、ハリウッド映画の猥雑さであり、フラッパー（性的にアクティブな新しいタイプの若い都会の娘）のエロティシズムであり、新しいスタイルの服装や髪型であり、飲酒と酒類の販売などであった。

これらはいずれも一九二〇年代の、都会的アメリカの新しい生活様式を象徴するものばかりであった。二〇年代はアメリカ史上、都市人口が農村人口を初めて上回った時代であり、また本格的な都会的文化が初めて華々しく開花した時代でもあった。それゆえに一方で、古き良き農村的体質のアメリカを、都会的アメリカの攻勢から守りぬかねばと考える人々の動きも高まり、両者のあいだに激しいせめぎあい、軋轢《あつれき》が高まった時代でもあった。

二〇年代を特徴づけるアメリカ社会の重要な諸現象には、ＫＫＫの台頭、禁酒法の施行、スコープス裁判（テネシー州の高校教師スコープスが進化論を講義したとして逮捕され、有罪判決を受けた裁判）などがある。これらは表れ方こそ多様に見えるが、根のところではみなひとつにつながっていた。つまり、新しい都会的アメリカの攻勢に対抗して、古き良き農村的アメリカを守りぬこうとする動きの表れであったのである。

産業上の一大革新をなしとげたフォードは、技術屋としては新しい感覚の持ち主であった。

しかし、ひとりの生活者としては、自分が生まれ育った農村的アメリカの伝統的生活様式を理想とし、都会を席捲しはじめた新しい生活様式を激しく嫌悪していたことでもよく知られている。彼は産業化社会が到来する以前の時代に強いノスタルジーを抱いていた。そして大都会、とりわけニューヨークを嫌い、「本当のアメリカ人」は自分を育んでくれた中西部の農村地帯に住んでいると信じ込んでいたのである。嫌悪すべき都会的アメリカの攻勢から、古き良き農村的アメリカの理想と伝統を守りぬこうと決意したフォードが、「国際ユダヤ人」を産業化・都市化社会のエスニック・シンボルとみなし、それゆえに激しい攻撃の対象にしたことは、彼にとっては必然的な行為であったのだろう。

第四章　甦る儀式殺人告発

スモールタウン・マシーナで起きた不吉な事件

アメリカを信頼していたユダヤ移民

一九二八年九月中旬のある日、ニューヨーク州の田舎町マシーナで商店を営むロシア系ユダヤ移民ジェイコブ・シュルキンは、一日の商売を終え、いつものように自宅でくつろいでいた。この夜、彼は珍しく古いアルバムをめくりながら、四七年の人生の来し方に想いをめぐらせていた。

顧みれば、生まれ故郷の白ロシア（現在のベラルーシ）を去り、八〇〇〇キロの長旅の果てにアメリカに移り住んだ一九〇二年には、彼はまだ二一歳の若者であった。

その後の彼の人生は文字通り働きづめの毎日であった。ある時はニューヨーク市内の裏街を徘徊する行商人として、またある時は家具工場の職工として働き続けてきた。そして一九一三年、ささやかな開業資金を携えて、移り住んだこの町で迎えた開店前夜の胸の高鳴りを、彼は昨日のことのように覚えていた。

彼のこうした半生は、ユダヤ人同士のビジネス競争が激化したニューヨーク市を見限り、商人層の不足している地方都市へ、新たなビジネス・チャンスを求めて移り住んだ、当時の多くの東欧系ユダヤ移民の典型といえるものであった。

マシーナの目ぬき通りに構えた彼の店は、家具や電化製品を扱い、よく繁盛した。当初狭かった店も、間口一八メートルの店舗へ拡張されていた。新しい七人乗りの大型乗用車は、シュルキン家の豊かさの象徴でもあった。彼はささやかな夢が叶えられた今の暮らしぶりに満足し、このような暮らしを自分に与えてくれたアメリカに感謝の念さえ抱いていた。

だが彼は、自分たちに向けられた近隣社会の敵意にうすうす感づいてはいた。ただ、その大きさについては、いささか見あやまっていたようだ。

その敵意とは、この町に移住してからいまだ日浅くして、にわか小成金となった自分たちユダヤ移民に対する、キリスト教徒住民たちの嫉妬心であった。

ユダヤ人による「儀式殺人」の想像図

彼はニューヨークから取り寄せたイディッシュ語新聞を毎晩読むことを日課にしていた。だから彼はこの新聞を通じて、ユダヤ人をとりまく内外の情勢、とりわけ当時の東南欧で頻発していた身の毛もよだつ儀式殺人告発と、その結果として生じるポグロムの醜悪さも知っていた。

儀式殺人告発とは、ユダヤ人がキリスト

の受難を冒瀆《ぼうとく》する儀式を行うために、キリスト教徒の幼児を誘拐して殺害するという、いわれなき虚偽の告発のことであった。それでも彼は自分があとにしてきたロシアに比べれば、アメリカの状況はまだまだ良いものだと自分を納得させることができた。というのも、この偉大な文明の先進国でいまだ儀式殺人告発が発生したという話は聞いたことがなかったし、また将来においても起こりえないと楽観していたからである。当時の数多くの東欧系ユダヤ移民と同じように、彼もまたアメリカという国家に多大な信頼を寄せていたのだ。しかし、そんな彼自身が、まもなく儀式殺人告発の渦中に巻き込まれるようなことになろうとは、神ならぬ身のシュルキンは知る由もなかった。

多人種多民族社会アメリカの縮図

マシーナはニューヨーク州のなかでもカナダ国境に隣接する北遠の地にあった。一九世紀半ば、酪農業の地域的中心地として栄えたマシーナは、古い出自を誇るワスプ系の子孫たちがその人口の大半を占めていた。

ところが、産業化の急速に進んだ二〇世紀初め以降、この小さな町のエスニック構成にも劇的な変化が生じはじめていた。それは、セントローレンス川水系の豊富な水を用いた水力発電によってアルミ精錬業を営んできたアルコア社が、一九〇三年、この地に工場を設立したからだ。

以来マシーナは、同社の企業城下町として発展していった。アルコア社はしかし、必要とするすべての労働力を現地調達によってまかなうことができなかった。何故なら、農民的出自を色濃く宿すワスプ系の旧住民には、長時間にわたり耐えがたい熱気にさらされる、電解槽での労働を嫌う者が多かったからである。そこでアルコア社は、低賃金にも重労働にも耐えうる東欧系や南欧系の移民を招き寄せることによって、その労働力不足を解消することにした。

アルコア社の求人係は、わざわざニューヨーク港の船着場まで赴き、到着したばかりの移民をマシーナに連れてきた。その結果、この小さな町は五〇か国以上の出身国を異にする移民集団を抱え込む、文字通り「アメリカの縮図」となっていった。

誘致されてきた移民労働者は民族集団ごとにエスニック・コミュニティーを形作った。一〇〇〇人を超えるイタリア系移民、それを上回る数のポーランド系移民などが、一九二八年のマシーナではそれぞれのコミュニティーを築いていた。

このほか、「商業の伝統」を携えた移民たちも移り住んできた。そのひとつ、ギリシア正教徒系の移民は、町の中心部にレストランやカフェを開業しはじめていた。

一方、ユダヤ移民が初めて定住するようになったのは一八九八年にさかのぼる。この年、この町とセントローレンス川を結ぶ運河の開削事業が始まったからだ。

その後、アルコア社の工場設立に伴う労働人口の急増により、ビジネス・チャンスが増大していくに従って、ユダヤ移民の数も増え、一九二八年の時点では一九家族、約一〇〇人を数えるようになっていた。

新参者ではあったが、彼らは商才にたけ、衣服、家具や宝石などを扱う小売業の分野で次第に成功を収めていった。何故なら、古くから地元で商売を営んできたワスプ系の商人たちには、工場労働者として新たにやってきた外国出身の移民たちの需要に、どのように応えていったらよいのかよくわからなかったからである。それに対し、移民としての共通体験を持つユダヤ商人は、移民労働者たちが何を望み、何を必要としているかがよく理解でき、彼らが望む商品をすみやかに仕入れ、供給することができたからである。

結果的に彼らの店舗は、この町の目ぬき通りで最も繁盛する店になっていった。一九一九年には、町の中心部に自前の会堂《シナゴーグ》を持てるほど成長したユダヤ人社会は、マシーナでも相対的に裕福な集団を形成していった。冒頭に登場したシュルキンは、実はこの会堂の理事長（俗人の長）も務めていたのである。

このような状況のもと、僻遠の田舎町マシーナでも、エスニック集団間の緊張、新移民系のにわか小成金に対する嫉視、さらに外国人排斥を唱えるＫＫＫの威嚇行為などが、水面下で次第に増殖していった。その意味で、人口八五〇〇人にすぎぬマシーナは、当時のアメリカの自画像を映し出す、ひとつの小さな鏡であったといえよう。

否定的ユダヤ人像の形成を促した儀式

マシーナにおいて、ユダヤ人に対する否定的イメージの形成を助長した背景のひとつに、この町の霊的指導者、ラビであるベレル・ブレングラスが定め導入した、厳格な宗教的戒律の遵守という方針があった。

当時のマシーナのユダヤ人社会は、シラキューズ、ユティカ以北のニューヨーク州内では宗教的に最も厳格なユダヤ人社会であった。それは、マシーナでユダヤ教の礼拝を主管していたブレングラスが、ユダヤ教諸派のなかでも最も戒律の厳しい厳格正統派《ハシッド》のラビであり、ユダヤ教律法に対するいかなる違反も許さなかったからである。この町で唯一のユダヤ教会衆組織「イスラエルの家」においては、礼拝の際、男性信徒には小さなふちなし帽子のヤームルカと、礼拝用肩掛けであるタリットの着用をかたく義務づけていた。

安息日の掟に従い、土曜日になると、町の中心部にある会堂へ徒歩で向かう信徒たちの外見は、キリスト教徒住民のそれとは似ても似つかぬ異形の姿であり、あたかもグリム童話のなかから飛び出してきた魔法使いのようであった。

厳格に遵守された戒律のなかでも、とりわけ否定的イメージを形成した要因は、家禽家畜類を処理する際の儀式であった。古来、正統派ユダヤ教の戒律によれば、食用の肉はショヘットという特別な食肉処理免許を持つ人間が、律法に定められた方法で処理したものでなければ口にすることができなかった。そのため、この町のユダヤ教徒は、自分の家で食用のにわとりを飼育していた。そして必要に応じて、ショヘットを兼務していたブレングラスのもとにそれを持参――時には牛さえ連れていき、儀式を施して処理してもらっていた。そうした光景はしばしば近隣のキリスト教徒住民にも目撃されていたのである。

この儀式は、その意味を理解しえない者にとって、理屈ぬきに拒否反応を引き起こす性格のものであった。キリスト教徒の目には、ブレングラスが施していた儀式は受け入れがたい「蛮行」としか映らなかったはずである。儀式に対するキリスト教徒住民側の拒絶反応は強く、例えばコネチカット州内では、ユダヤ教のこの儀式を非合法化しようとする住民運動さえ一九二八年に発生していたほどである。

儀式を自宅の裏庭で繰り返すブレングラスの姿を、常日頃から垣間見てきた近隣のキリスト教徒住民にとって、彼とその仲間が幼児を連れ去り、その喉を無慈悲にもかき切っているのかもしれないと空想をめぐらせていくことは、それほど困難なことではなかった。何故なら、中世ヨーロッパ以来キリスト教世界では、ユダヤ人は悪魔の手先として超自然的な能力を備えた神秘的な存在であると、長らく信じられてきたからである。そして、このようなユダヤ人観は二〇世紀前半のアメリカ国内においても、一部のキリスト教徒の意識の深層にしっかりと植えつけられていたからである。

そのような証拠として、著名なユダヤ人の歴史学者ジョシュア・トラクテンバークの個人的体験を記しておこう。

それは、彼が両大戦間期にカンザス州を旅してまわった時のことであった。彼はそこである農民と知り合った。その農民は、彼の周りをぐるりとまわって彼の身体を眺め続けた。そして農民は、彼の頭にどこにも角がはえていないという理由で、彼がユダヤ人であるということをどうしても信じようとしなかったというのだ。

このエピソードからもわかるように、当時のアメリカには、ユダヤ人が悪魔の手先である証として、その頭に角がはえているという迷信を大まじめに信じている人間が、実際に存在していたのである。

流言飛語に踊らされた人々

一九二八年九月二二日、マシーナの空は秋晴れで澄み渡り、人々はのどかな土曜のひとときを楽しんでいた。ところがこの日の午後、アルコア社で働くワスプ系の労働者、デーブ・グリフィスの四歳になる娘バーバラが、兄と森のなかで遊んでいるうちに行方不明となり、夕暮れ時になっても家に戻ってこなかったのである。狼狽した父母は近所の人たちとともに、付近の森をくまなく捜しまわった。

田舎町で発生したこのローカルな幼女行方不明事件は、その後わずか一日たらずのうちに、アメリカ・ユダヤ人社会全体の安寧を揺るがす反ユダヤ主義的事件へと変貌を遂げていくことになる。この日の夕刻から夜半にかけて、いくつかの醜悪な流言が燎原《りょうげん》の野火のごとく町中を駆けめぐった。その内容は、およそ次のようなものであった。

「明日の日没から、何か、とても重要なユダヤ教の聖日が始まるそうだ」「その日はヨム・キプルというそうだ」「そこでは儀式のためにキリスト教徒の血が用いられるそうだ」「ヨム・キプルとバーバラの雲隠れとのあいだには、何か関係があるのではないか」

ヨム・キプルとは何か。それはユダヤ教徒にとってはきわめて神聖な「贖罪《しょくざい》の日」であった。篤信のユダヤ教徒はこの日、過去一年間に犯した罪の赦しを乞うて終日断食し、ひたすら祈り続けるのであった。ユダヤ教の暦法上、この年のヨム・キプルは幼女失踪の翌日、九月二三日の日没から始まることになっていた。

一方、失踪したバーバラの捜索活動は多数の住民を動員した大がかりなものとなっていった。その中核を担ったのは、三〇名ほどの地元の消防団員であった。彼らのなかには、かなりの数のＫＫＫの団員が含まれていた。消防団や自警団の団員とＫＫＫの団員が重複することは、当時のアメリカの農村部においてはよくみられた現象でもあった。

彼らのなかには九月二二日の夜、ユダヤ人が経営する商店を家捜ししはじめる者さえ現れた。

この町に住む三人のユダヤ人が共同経営する洋服店、ストーン商会が店じまいしているさなか、ロイ・カントリーマン率いる数人の消防団員がやってきた。ロイ自身がＫＫＫの団員だったという証拠はないが、彼の父は地元ＫＫＫの元指導者であった。

彼らは店に居合わせた共同経営者のひとり、ソール・ローゼンバウムに向かって「彼女（バーバラ）は、お宅の地下室に降りていったかもしれないんだ。見せてもらうよ」といいながら、地下へ降りていった。「子供なんて見かけなかったさ」と答えながら、ローゼンバウムはもとより不快な表情を隠すことができなかった。

彼は内心、この家捜しは不当なものだと憤慨していたが、この場はことを荒だてないほうが得策だと判断したのである。結局、消防団員たちが地下室で目にしたものは箱詰めにされた紳士物衣料品の在庫の山だけであった。

この時刻、他の主だったユダヤ人の商店主は、すでに店の戸口に施錠をすませ帰宅したあとだったから、直接家捜しを受けることはなかった。それでも消防団員たちは、あるじの帰ったユダヤ人商店の窓に向けて、手当たり次第に懐中電灯の光を放ち続けていた。

深夜、疲れきった捜索隊が四方八方から戻ってきた頃には、町の中心部に立ち尽くしていた人々のあいだには「ユダヤ人がバーバラを連れ去った」という流言がすでに広まっていた。

はりつめた恐怖がユダヤ人住民に今にも襲いかかろうとしていた。この一〇年ほど前、東欧のガリツィアからこの町に移住してきたユダヤ人のある少女は、母親にこう尋ねた。

「お母さん、私たち、ポグロムに襲われるの？」

「もし、バーバラが無残な姿で発見されたならば……住民の怒りは自分たちに向けられるのでは……」と、そんな想像をめぐらせながら、この町のユダヤ人たちは誰もが、眠れぬ一夜を過ごさねばならなかった。

流言を広めたのは誰か

「幼女失踪」と「ユダヤ人による儀式殺人」を結びつける醜悪なデマを流した最初の人物はいったい誰であったのか、我々は次にその出所を突き止めねばなるまい。

結論からいうと、ワスプ系のネイティブ白人がすでに述べてきたような連想をめぐらせることは、まず容易ではなかったはずである。というのも、彼らとその父祖が生まれ育ったアメリカ、さらに数代前の祖先が生育した北西欧では、儀式殺人の記憶は人々の意識のなかですでに風化していたからである。

これに対して、あのような連想を瞬時に導きだせる思考回路の持ち主といえば、中世的な迷妄を色濃く残していた東南欧出身のキリスト教徒移民であったとみて間違いないはずである。

彼らの出身地では、現実に「儀式殺人」の咎《とが》でユダヤ人を告発する事件が、頻発していたからである。当時、マシーナの町にいた多くの東南欧系キリスト教徒移民集団のなかでも、その本国から最も強い反ユダヤ主義の種子をたずさえて移住してきた集団は、ギリシア出身のギリシア正教徒であったと思われる。

古来、ギリシアにおいては、ユダヤ人は憎むべきトルコ人によるギリシア支配の片棒を担ぐ「トルコ人の同盟者」として、長年にわたり憎悪の対象とされてきた。この憎悪はとりわけ、マケドニアの都市サロニカで猛威をふるっていた。サロニカでは第一次世界大戦後、小アジアから帰還した多数の在外ギリシア正教徒系の商人と、以前から商業を支配していたユダヤ人とのあいだで、商業の覇権をめぐる軋轢《あつれき》が高まり、それが反ユダヤ主義に拍車をかけていたからである。

このようなサロニカから渡来したギリシア正教徒系の移民が、実はマシーナの町にも移り住んでいたのである。彼の名はアルバート・コムナス、町の中心部で小さな飲食店を営んでいる男で、彼のユダヤ人に対する偏見は、この町のユダヤ人のあいだで、つとに悪評が高かった。かつてコムナスの息子が幼くして病死した時、ユダヤ人たちは、天罰が下ったのだといって嘲笑したほどであった。

当時、マシーナに在住していたユダヤ人イーライ・フリードマンの証言によると、このコム

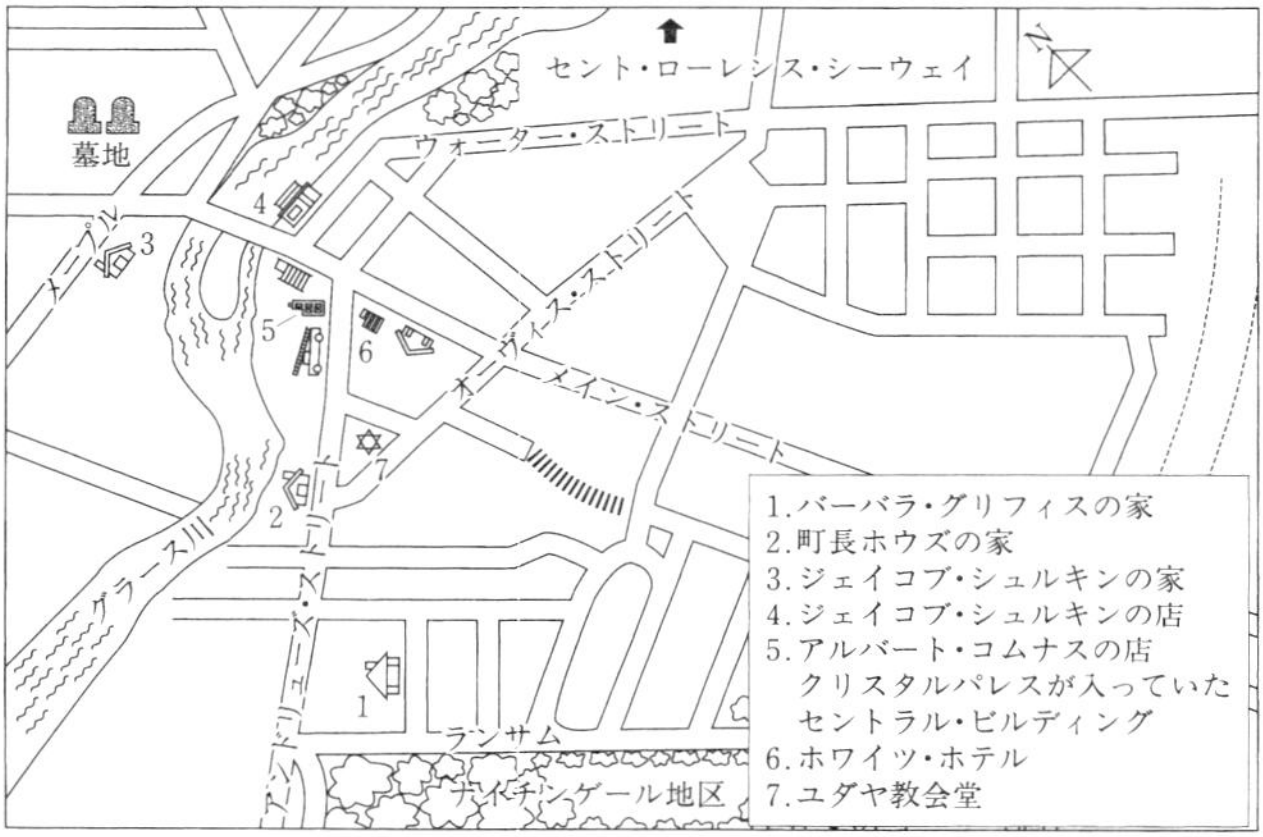

1928年当時のマシーナ中心部

ナスこそバーバラ失踪の原因を「ユダヤ人の仕業に相違ない」と口走った最初の人物であった。失踪の日、九月二二日の夕刻、コムナスは自分の店に軽食をとりにきた捜索任務中の警官マッキャンに、コーヒーを給仕しながら「ユダヤ人どもは、祭日を祝っている最中なんですよ。やつらは恐らく血を必要としているんでしょう」と耳打ちした。コムナスの店クリスタル・パレスは、ニューヨーク州警察に所属する巡査長マッキャンが投宿していた、ホワイツ・ホテルの目と鼻の先にあった。マッキャンとその部下はマシーナに滞在中、定期的にこの店で食事をとってもいたのだ。そのたびにコムナスとの会話を通じて、マッキャンがユダヤ人に対する疑惑の念を植えつけられていったと推測しても、あながち不自然ではなかろう。

仮に今回の事件で、現場捜査の責任者マッキャンが、他所《よそ》からきた州警察の一員ではなく、地元の人間関係に精通した地元警察の警官であったら、日頃から反ユダヤ的言動にまみれていたコムナスの言葉を真に受けるという過ちを犯さなかったかもしれない。しかし不幸なことに、バーバラがマシーナの行政区域を越えて失踪した可能性も高かったから、この事件の所轄が地元警察から州警察に移されていたのである。

警官に疑念を与えた非ユダヤ的ユダヤ人の返答

九月二三日、夜明けとともにマシーナの山野を照らしはじめた朝の陽光も、すでに南天高く昇りつめようとしていた。にもかかわらずバーバラの行方は、いまだ杳《よう》としてわからなかった。

なんとかして局面を打開しなければならない。焦りと疲労が高まるなか、町長ホウズの脳裏には、昨夜マッキャンから報告を受けた「ユダヤ人による儀式殺人説」がよぎりはじめていた。今回の失踪事件にはユダヤ人が関与しているという流言には、ひょっとしたらなにかの根拠があるのではないか。そう考えはじめた町長はもう矢も盾もたまらなくなり、ラビ、ブレングラスの出頭要請を決定してしまった。

流言に基づいて、この決定を町長が下してしまった背景には、この町に住むひとりの「ユダヤ人」が語った「誤解を与えかねない言動」があったことも忘れてはならない。この「言動」はマッキャンを通じて先刻、町長に報告されたばかりでもあった。実は、この日の午前一〇時三〇分、マッキャンは、この町に住むモリス・ゴールドバーグというユダヤ人のもとを訪れた。不可解なことではあるが、この警官はユダヤ教について、この町のいかなるユダヤ人よりも知識のない彼を尋問の対象に選んでしまったのである。

ゴールドバーグはユダヤ人の子としてニューヨーク市内のスラムで生まれた。しかしその後、種々の事情からカトリック系の孤児院で育てられ、以後、ユダヤ人社会の周辺に身を置いて暮らしてきた人物だが、いわばユダヤ教離れしたユダヤ人であった。

そんなゴールドバーグに向かって、マッキャンは「ユダヤ人は母国において、聖なる礼拝の際に人間の生き血を使用するというのは本当か」という質問をした。この質問に対してゴールドバーグは、ユダヤ教に関する自分の無知をいい訳がましく述べたあと、こう答えたのである。

「ヨーロッパではそのような習慣が存在するということは知りません。けれど、アメリカではそんな習慣はないでしょう。自分は、この問題について十分に知らないので、どうかラビに聞いてください」

この返答は大変まずいものであった。何故なら、ことによると儀式殺人というものが実在するのではないかという誤解を聞く人に与えかねない返答だったからである。彼はこの時、即座に、そして断固たる口調で「否」と答えるべきであった。彼のあまりにも曖昧な返答は昨夜以来、偏見の火種をくすぶらせていたマッキャンの心のなかに、さらに疑惑の油をそそぐ結果になった。さらにいえば、この曖昧な返答はその後、事態の悪化を招く一因にもなった。

捜査当局に尋問されたラビ

出頭要請を受けたブレングラスは、この日の午後〇時三〇分に警察署へ赴いた。もうその時には、四〇〇〇人にも及ぶ興奮した群衆が署の周囲を取り巻いていた。彼らは今後の事態の進展いかんによっては、暴徒になりかねない雰囲気を漂わせており、そのことがこの町のユダヤ人に、いいしれぬ不安を与えていた。署内でブレングラスは町長と警官を前にして、マッキャンから「ユダヤ人が儀式殺人を行うということは真実か否か」を問われる質問を受けた。両者の会話のやりとりは、当時のユダヤ系新聞の記述によれば、およそ次のようなものであった。

マッキャン「あなたは子供が行方不明になっていることはご存知ですね」

ブレングラス「はい、存じております」

マッキャン「今日は（ユダヤ教の）大きな宗教的祝日ですね」

ブレングラス「はい、そうです」

マッキャン「ヨーロッパでは、あなた方が、人間を生贄《いけにえ》として神に捧げるという話について、あなたは何か情報をお持ちですか」

ユダヤ教に対する無知と偏見が生み出したこの質問に驚愕したブレングラスは、憤然たる口調でこう反論した。

「世界で最も文明の進んだ合衆国の公職者ともあろうお方が、そのような馬鹿げた質問をあえてなさるとは驚きであり、心外です。……人間の血どころか、動物の血さえ儀式に捧げることは、ユダヤ教の律法によってかたく禁止されているのです」

ブレングラスの明晰な反論に、マッキャンも町長も、もはやこれ以上この件について尋問することはできなかった。面目を失ったマッキャンは、自分としてはこのような質問をしたくはなかったのだが、この町に住むある外国人（コムナスをさす）から、ユダヤ人が儀式殺人を行うという情報を得たため、仕方なしに今回の尋問に及んだのだといい訳がましく弁解した。

これに対してブレングラスは「これはユダヤ人全体に対する名誉毀損だ」とマッキャンを非難した。そして、情報提供者の名を明かすよう迫った。しかしマッキャンはただ「外国人」と答えるほか、この場を切りぬける術を持たなかった。

押し問答が続いたあと、ブレングラスは憤然たる表情で署をあとにした。

難局に対処したユダヤ人社会の指導者

署内での尋問に際してブレングラスは、不正確なことは一切語らず、儀式殺人の存在をきっぱり否定した。彼はいわねばならぬことが何かを知っており、必要とあらば臆することなく、雄弁に真実を語れる男であった。

彼は東欧のリトアニアの生まれであった。だが、一九一五年一〇月に渡米する以前に、英国に数年間滞在、かなり流暢な英会話の能力を身につけていた。

このように、英語の能力と危機の本質を見あやまらない洞察力とを兼ね備えたブレングラスのような人物が、マシーナにいて、適切な指導力を発揮しえたことは、この町のユダヤ人にとって不幸中の幸いであった。

彼は九月二三日に、地元のユダヤ教会堂で催された礼拝においても、自分たちを取り巻く反ユダヤ主義に対し、臆することなく立ち向かうよう会衆たちに語りかけた。この日、会堂へ向かう道すがら、住民たちに野次を浴びせられ、すっかり意気消沈していたユダヤ人たちは、彼の説教によって、この難局を乗り越えるために必要な勇気を与えられ、再び家路につくことができた。

一方、同じ頃、この町のキリスト教徒の住民が所属する教会でも、日曜の礼拝が行われていた。しかし、牧師や司祭のなかに、この町を乱れ飛んでいる醜悪な流言に対して批判的な見解を説教壇上から述べた者は、ただひとりとしていなかった。

　ブレングラスは、自分自身と地元ユダヤ人社会が発揮しうる問題解決能力の限界を悟っていた。そこで彼は、幼女失踪事件が発生した日の夜遅く、ニューヨーク市内に住むあるユダヤ人の自宅に、救援を求める電話をかけていたのである。その人物の名はルイス・マーシャル、先のフォードの一件でハーディングに仲介役を依頼した人物である。億万長者の博愛主義者で、ユダヤ人の人権擁護者としてつとに声望の高い人物であった。マーシャルは全国的ユダヤ人団体のひとつアメリカ・ユダヤ委員会の会長で、彼の背後には政財界、法曹界で影響力を持つ著名ユダヤ人と、全米で四万人もの会員が控えていた。

　電話口から伝わるブレングラスの切迫した訴えに、自宅の寝室でくつろいでいたマーシャルは、あらゆる法的かつ財政的支援を行うことを約束した。さらに、専門の調査員を現地へ至急、派遣することも約束した。

　マーシャルの命を受けた調査員ボリス・スモラーは、その夜のうちに列車に飛び乗り、五〇〇キロ近い行程を乗り継いで、翌九月二三日の午後三時には、ブレングラスの自宅へ到着した。

　このような迅速な対応をマーシャルがとれたのは、第一に、彼が国外、とりわけ東欧のユダヤ人問題にも通暁しており、儀式殺人告発というものが、地域社会に暮らすユダヤ人住民に、いかに甚大な物理的脅威を及ぼすものであるかという点を正確に理解していたからである。

第二に、マーシャル自身が、同じニューヨーク州内陸部にあるシラキューズの出身であったため、類似した環境にあるマシーナという田舎町で、ユダヤ人社会の存立を支えている基盤がいかに脆《もろ》いものであるかということを、察知できたからである。

マーシャルはその後、マシーナのユダヤ人社会に加えられた誹謗行為に対する謝罪を求める交渉の、中心的役割を果たしていった。彼は、第一に、幼女の失踪を事実無根の流言と関連づけた点、第二に、ユダヤ教徒にとって重要な聖日「贖罪《しよくざい》の日」に、こともあろうに聖務を直前に控えたラビを警察署に出頭させ、反ユダヤ的偏見に満ちた尋問を行ったという点、このふたつの点で、州警察の過失はきわめて重大であると非難した。そして、現場の捜査責任者マッキャン巡査長と、彼の上司に対して謝罪と辞任を要求した。

一方、マシーナの町長に対しても、流言の蔓延を阻止するため、自治体の長としてなんら手だてを講じなかった責任を追及し、ブレングラス個人と地元ユダヤ人社会に対する謝罪文の即時公表を要求、その要求が受け入れられない場合は、州裁判所に提訴する構えをみせた。

町長のホウズとマッキャンは、謝罪声明に当初強い難色を示したが、最終的にはニューヨーク州知事、民主党のアルフレッド・スミスが調停に入り、この両者に謝罪声明を即時公にするよう促した。この時、スミスは、同年一一月に行われる大統領選挙に民主党の候補として出馬中であった。スミスにとって、ニューヨーク州のユダヤ人社会は一九二四年の州知事選以来、強力な支持基盤でもあった。選挙を目前に控えたスミスには、ユダヤ人社会の意向に、最優先で対応せねばならない必要があったことはいうまでもない。

その結果、九月二五日、町長ホウズ、マッキャンそして州警察当局は、幼女失踪事件をユダヤ人の仕業と予断して捜査を行ったこと、また「ユダヤ人による儀式殺人」という流言を助長したことの責任を認め、公式に謝罪したのだった。

さらに州警察当局は、ブレングラスを尋問したマッキャンを厳しく譴責《けんせき》し、彼に無期限の停職処分をいい渡した。その理由は、職務遂行上の思慮分別の欠如、警官としてはあるまじきふるまいのゆえとされた。停職処分が解除されたあとも、本事件での過失が尾をひいてか、マッキャンはその後、退職までの二〇年間、まったく昇進することができなかった。

事件の処置をめぐる一連の経過のなかで、次の点が明らかになった。それは同時代の東南欧で発生した同種の事件の場合と異なり、民主主義の成熟したアメリカでは、政府は反ユダヤ主義を政治的に利用する意志を持たず、それゆえにユダヤ人社会は、迅速かつ有効な対抗手段を講じることができ、被害もまた最小限に食いとめることができたという点である。

ところで、行方不明になっていた幼女は、その後どうなったのであろうか。もうこれまでの事件の顚末でおわかりのとおり、九月二三日午後四時半頃には、町の中心部から二キロ足らずの藪《やぶ》のなかから無傷で発見されたのである。

仮にバーバラが無事な姿で発見されていなかったら、恐らくレオ・フランク事件の時と同じような反ユダヤ暴動が発生していたであろうことは、現地の雰囲気から容易に想像できる。すでにこの日の午前一〇時には、町役場の周りに三〇〇人もの群衆が集まっていたのだから。

幼女発見の直後には、今度は別の流言がマシーナの町に飛びかっていた。それは「ラビが警察に尋問されたことで、おじけづいたユダヤ人たちが犯罪の発覚を恐れるあまり、いったん拉致したバーバラの身柄を解放した」というものであった。そしてこの流言は、その後しばらくやむことがなかった。また、地元住民のユダヤ人に対する敵意も、その後、長らくおさまることはなかった。当時、大学生であったブレングラスの息子が後日、述懐したところによれば、プロテスタント系住民たちはユダヤ人商店に対するボイコット運動を組織し、それは一年近くの長きにわたって継続したとのことである。

この事件が、アメリカのスモールタウンの典型ともいえる町で発生したということを想起すれば、当時の一般的なアメリカ人の日常生活の表層のすぐ下には、強い反ユダヤ主義が渦巻いていたといっても過言ではないだろう。

第五章　閉ざされた象牙の塔

高等教育機関の入学選抜時におけるユダヤ人排斥

海を渡ったユダヤ人学生

一九三〇年代初め、ナチスドイツの台頭により暗雲たちこめるヨーロッパ大陸をあとに、一万人を超すユダヤ系知識人が大西洋の波濤を越えてアメリカに亡命してきた。歴史上、これに匹敵する大量の亡命知識人の国際移動は一四五三年、瀕死のビザンツ帝国の都コンスタンティノープルからイタリアへ逃れたギリシア系知識人の大移動しかない。後者は古典古代の学芸をイタリアへ伝えることで、ルネッサンス開花への道を開いた。

一方、前者はアメリカが大戦後の世界で、科学の分野でも指導的地位を築き上げることを可能にさせたのである。

実は同じ一九三〇年代に、まったく逆の方向、つまり大西洋を西から東へ移動したアメリカ市民権を持つ若き学生たちが大勢いたという事実は、人々の記憶から忘れ去られている。その国際移動の規模は毎年一〇〇〇人に近いものであった。彼らの目的はヨーロッパの医科大学に入学し、そこで学位を取得することで、その九割までがユダヤ人だったのである。

ナチスの魔の手が広がりはじめたヨーロッパへ、いったい何故若きユダヤ人学生があえて留学したのであろうか。アメリカの大学が彼らにとって魅力のないものだったのだろうか。それとも彼らには中世ヨーロッパの大学生のように知的放浪癖があったのだろうか。こうした学生のひとりが一九三〇年代初頭、スコットランドのセント・アンドリューズ大学の医学部へ「留学」を決意するに至った経緯と、同医学部での入学選考時の模様を次のように伝えている。

「私が出願した合衆国内の医科大学一七校のなかの最後の学校から、この六月に合否の通知が届いた。またしても私は入学を拒絶されたのだ。私は級友と連絡を取り交わした。……その級友は、誰かがスコットランドの学校について話をしていたと私に語ってくれた。私が医学を学ぶ場として、それらの学校について聞き及んだのは、その時が初めてだった。私はそのために外国へ行くという考え方は好きになれなかった。しかし、どうしても私は医者になりたかった。……八月、私は緊張した思いを抱いてスコットランドへ渡航した。……彼ら（面接担当者）は誰も、私の出自を問いただすことが重要であるなどとは考えていなかった。……彼らは静かに私の名前を台帳に記載してくれたのだった」

彼が語っているように、ユダヤ人学生がヨーロッパ留学を決意せざるを得なかった理由は、入学者の選抜に際し、志願者の人種、民族、宗教などその出自を重視したアメリカの大学に比べて、かの地の医科大学が学業成績を重視して、相対的に公正な合否判定を下していたからにほかならなかった。

ではアメリカの医科大学、あるいはその他の高等教育機関はいつ、いかなる理由でユダヤ人の入学志願者を排斥する政策をとりはじめたのであろうか。この疑問を解明するために、まず我々はアメリカにおける高等教育の歴史をさかのぼる必要があるだろう。

「紳士養成の殿堂」から「職業人養成の訓練所」へ

二〇世紀初頭のアメリカで、大学は、いまだ世間の注目を集めるようなところではなかった。なぜなら当時の実業界は「自力独行の人《セルフメイドマン》」が威勢をふるう世界だったので、富と威信を求める多くの若者たちは大学進学それ自体を望んでいなかったからである。

当時のアメリカにあって、最も評価の高い大学でさえその経営上、学力不足の若者を数多く受け入れざるを得なかった。

こうした状況が変化したのは第一次世界大戦期のことであった。戦中戦後に飛躍的発展を遂げた産業界の要請に応えるために、各大学は自らの社会的機能を、従来の「紳士を養成するための殿堂」から「職業人養成の訓練所」へと変容させていった。こうした変化のなかで高等教育機関は次第に、富と威信を求める若者にとって成功へ到達するための重要な経路となっていったのである。

当時のアメリカの大学には、異なる階層に属する異質な学生集団が並存して学んでいた。ひとつは全寮制の私立中高等学校、いわゆるプレップ・スクール出身の比較的裕福な階層に属する、ネイティブ白人プロテスタント系の学生集団であった。彼らが多数を占める私立大学で当時、

年　度	大学生総数	ユダヤ人学生総数	大学生総数中に占めるユダヤ人学生の比率	合衆国全人口に占めるユダヤ人人口の比率
1916-17	約　385,000人	約 14,500人	3.77%	3.00%
1937	1,148,393人	104,906人	9.13%	3.58%
1946	1,629,735人	164,886人	10.10%	3.66%

表1　合衆国の大学に在籍するユダヤ人学生

American Jewish Year Book 5678 (Philadelphia, 1917), p.410; *American Jewish Year Book 5707* (Philadelphia, 1946), p.603; *American Jewish Year Book 5709* (Philadelphia, 1949), pp.769f.　より作成。

ed. by M.J. Karpf, *Jewish Community Organization in the United States* (N.Y., 1938), p.57; L.S. Feuer, "The Stages in the Social History of Jewish Professors in American Colleges and Universities," *American Jewish History* Vol.71 (1982), p.456.　より引用。

支配的な学生気質といえば「プレップ・スクールのエートス」と呼ばれるものだった。プレップ・スクール出身者の多くは、まず課外活動の場でスポーツマンシップ、リーダーシップの涵《かん》養《よう》に努めることを大学生活の大きな目標にしていた。彼らにとって最大の関心事は、学内で最高水準のスポーツ選手、あるいは運動部のマネージャーといった「キャンパスの大物」となり、その結果として高い権威を備えた学生友愛会《フラタナティ》への入会を許可されることであった。

もうひとつの学生集団は、大都市部の公立高校の出身者で比較的貧しい新移民系の家庭で生まれ育った若者たちであった。

厖大《ぼうだい》な移民人口を擁した大都市部にある公立大学には、このような若者たちが多く在学していた。そのなかでも、既存の大学に最も急速に進出した集団が東欧系ユダヤ移民の第二世代であった。表①（一五三ページ）が示すように、第一次世界大戦以前はまだユダヤ人学生の数は少なく、その存在が大学内で問題になることなどなかった。しかし、世紀転換期に渡来した総数二〇〇万人を超える東欧系ユダヤ移民の子供たちの世代が、学齢期を迎え、既存の高等教育機関への入学を求めて殺到しはじめた一九二〇年代から四〇年代にかけて、ユダヤ人学生の進出は大学、なかでも名門大学で深刻な問題を引き起こしていった。

ユダヤ人学生の出現は何故脅威となったのか

彼らは単に数的に大規模な集団であったばかりでなく、質的にも既存の学生集団とはきわめて異質な集団を形作っていた。何故なら彼らは、「知性を軽んじる学生気質」を受け入れる意志を持たず、大学を「知的活動のための闘技場」とみなしていたからである。

彼らの出現により、教室内の雰囲気は一変していく。一九二〇年代初頭、コロンビア大学に在籍したある学生は、次のように不満を述べている。

「ユダヤ人たちが授業の水準をつりあげている。おかげで俺たちは、連中に遅れずについていくために、これまでになかったほど一生懸命勉強するはめになった」

勉学に励み、真剣に議論を闘わせ、競争心に富んだ当時のユダヤ人学生気質は、二〇世紀前半の名門私立大学で支配的であった「知性を軽んじる学生気質」とは相いれないものであった。当時、名門私立大学の学生の行動様式を支配していたのは「上品ぶった社交の礼儀作法」であり、彼らのなかでは学業成績よりも、スポーツマンシップやリーダーシップに優れているかといった基準によって、個々の学生のランクが評価されていた。このような行動様式と価値基準は名門私立大学のみならず、一般の大学においても大学生活の理想として受け入れられていた。

こうした状況のなか、一九二〇年代以後、学園に急速に進出しはじめたユダヤ人学生集団が示した、その勉学への傾倒ぶりと教育を手段に社会的上昇をめざす生き方は、ネイティブ白人プロテスタント系学生集団の側に、強い排斥感情を抱かせる要因になった。何故なら、ユダヤ人学生はこれまで、学内で歓迎されることのなかった競争原理を持ち込んだばかりか、彼らが成し遂げたアカデミック・サクセス――優秀な成績を収め、奨学金を得ること――は、プレップ・スクール出身者たちの生活様式に対して暗黙のうちに異議を唱えていることに等しく、その伝統的価値観を脅かすことになったからである。

その結果、一般学生側の排斥感情が、各大学内にいわば必然的に醸成されていったのだった。

クオータ・システムの導入

学生たちは、ユダヤ人学生を排除するために、これまでにない要求を大学当局に突きつけて

路面電車に乗り込もうとするユダヤ人学生に冷たい視線をなげかける学生友愛会のメンバーたち

いった。それは新入生の合否決定にあたり、ユダヤ人にだけ入学定員枠を設け、その受け入れ人数を制限せよというものであった。

例えば、私立のニューヨーク大学では、すでに一九一九年の段階で学生有志八〇人が総長に対し、ユダヤ人新入生の比率を新入生全体の五分の一以下に制限することを求める署名請願を提出している。この八〇人のなかには学生友愛会の幹部が数多く含まれ、いずれも同校の学生集団の中心的存在であった。

こういった要求は多くの大学当局者たちによって受け入れられていった。その結果、一九一〇年代末から二〇年代にかけて、国内の数多くの高等教育機関で、クオータ・システム——特定の人種的・宗教的少数派集団に対する差別的入学定員制度——が、主にユダヤ人の入学志願者を排除する目的で、大学当局者の手によって導入されたのである。

本人の学業成績や知的資質によってではなく、所属する人種や宗教によって学生の入学を不当に拒絶するこの制度は、アメリカの高等教育の歴史上、最も非民主的な汚点のひとつであったといえるだろう。

一般にこの制度は一九五〇年代に急速に衰え、六〇年代以降、消滅したかのごとく思われてきた。しかし、一九八〇年代以後、アジア系移民の第二世代の学生たちによる目覚ましいアカデミック・サクセスが顕在化するなか、アジア系学生の入学を一定の割合以上認めないという制度を一部の名門大学が実施していた事実が、近年の調査で明らかにされている。

このようにこの制度は決して死滅したわけではなく、人種的・宗教的差別のイデオロギーをいまだ内包するアメリカ社会では、ひとたび多数派白人集団の既得権益が脅かされると容易に復活し、特定の人種・宗教集団の市民的権利を侵害しうるものになる。この点でもクオータ・システムとは単なる過去の忌むべき残滓《ざんし》ではなく、すぐれて今日的意味を持った問題だといえよう。

クオータ・システムが導入された理由

それでは大学当局者たちは、なぜこの制度を導入することにしたのであろうか。

その第一の理由は、ユダヤ人学生が入学後に達成しはじめた目覚ましいアカデミック・サクセスが、従来、大学生の「独占的供給母体」であったネイティブ白人プロテスタント中産層出身の学生に大きな脅威を与えていたからである。一般的には、大学当局者たち自身もその「集団」に帰属していたから、「集団」としての既得権益と文化的ヘゲモニーを守りたいという点で利害が一致し、ユダヤ人排斥のシステムを確立することに力を尽くしたのであった。

第二の理由は経営的見地に基づくものであった。例えば一九二二年、ハーバード大学の歴史上、最初にクオータ・システムの導入を唱えた学長ローエルは、「大学はエリートのための同質的社会」という大学観の持ち主であった。彼は学部教育を「由緒正しく裕福なアメリカ人家庭の子孫を知的に再活性化するための手段」だと規定していた。ローエルに代表されるように、当時の大学当局者たちが最も憂慮していたことは、社会的にさげすまれていたユダヤ人学生が学内にあふれることにより、その大学の社会的威信が傷つけられ、名門出身の学生を将来的に招き寄せられなくなる事態になることであった。

学生の納付金だけでは支出を十分にまかなえないアメリカの私立大学にとって、名門出身の同窓生の母校愛と大口の寄付をつなぎとめておくことは、経営的見地からみてもきわめて重要なことであった。

一方、大学財政に果たしたユダヤ人側の貢献はどのようなものであったのだろうか。確かにドイツ系ユダヤ人の名門家族はすでに、一九二三年から三五年のあいだにアメリカ国内の「非ユダヤ系」高等教育機関に対して一三三七万ドルもの寄付を行っていた。しかし当時、大学の扉を叩いたユダヤ人集団の約九割を占めていた東欧系ユダヤ移民家族については、その大半がまだ経済的基盤の確立途上にあり、いまだ大学財政の後援者とはなり得なかったのである。それゆえ大学関係者たちはユダヤ人のことを、大学から得るばかりでなんの還元――例えば奨学金基金への寄付――もしていない連中とみなしていたのであった。

知られざる立案、運用の過程

クオータ・システムは学生集団全体のなかで占めるユダヤ人の割合を削減する目的で、大学当局側が考案した制度であった。この制度を最初に導入したのはコロンビア大学で、それは一九一九年のこと。以後一九二〇年代にまず、東部の名門私立大学に連鎖的に波及していった。

通常それは、学長や学部長によって構成される部局長会の場や理事会、評議会の場で非公式に、いわゆる紳士協定という形で取り決められた。そうした場では、当面受け入れる新入生のうち、ユダヤ人を何パーセントにするべきかという基本原則だけが決められた。その割合は各大学ごとにさまざまであったが、おおむね三〜一〇パーセントの範囲内であった。しかし、その具体的数値は極秘事項とされ、その大学の教員といえども入試委員に任命されて初めて、その数値を知る場合が多かった。

クオータ・システムがいかなる審議過程のもとで定められ、誰がそれを実際に運用していったのか、その内情はほとんど知られていない。何故なら、多くの大学は現在もなお、過去に自校がとった反ユダヤ主義的入学制限制度の核心に迫る資料を公開していないからである。

その実際的な運用に携わった元関係者たちに対するインタビュー調査の結果によれば、この制度が導入されたいくつかの大学では、ユダヤ人の入学志願者を排除するために「心理テスト」が実施されていたという。これはネイティブ白人プロテスタント系の中産階層以上の家庭で生まれ育った経験のない者には、答えにくい内容の筆記試験であった。

また入学志願者がユダヤ人であるか否かを特定できるような質問事項が、入学志願票には多く記載されていた。それは志願者自身とその父親の姓、母親の結婚前の姓、改姓歴がある場合は改姓前の姓、キリスト教会の会員か否か、家庭内で日常話されている言語、両親の出生地、父親の職業などを尋ねるものであった。

最大の手がかりとなるのは姓であった。従って同じユダヤ人でも、非ユダヤ的姓名の持ち主とユダヤ人に特徴的な姓名の持ち主とでは、それぞれの「反ユダヤ主義体験」が持つ重みは異なる場合が多かったのである。

こうした志願票と出身高校からの推薦状を手がかりに、志願者の「素姓」を特定する作業はおおむね入試担当の職員がこれを行い、この段階で「素姓」を特定しがたい志願者は面接の段階で入試委員から入念な質問を受けることになった。

合否の判定には、例えばラトガーズ大学では複数の教員で構成される入試委員会がこれにあたった。一方、エール大学の医学部のように学部長M・ウィンターニッツ（一九二〇〜三五年在任）個人が長年にわたり、入学志願者の面接を一手に引き受け、独断で合否判定を下してきた事例もある。ウィンターニッツによる面接を受け、その素姓を詮索されたことのある元受験生は、その時の会話の一端を次のように伝えている。

学部長「君はニューヨーク市立大学の出身だね。市立大学にいるのは大部分がユダヤ人の若者だよ。市立大学の出身者のうち、本学に入学できるのはそんなに多くないのを君は承知しているかね」
受験生「なぜ彼らは入学できないんですか」
学部長「なぜって、彼らは野心家で欲張りだからさ」

それでは合否判定の際に最も重視されたポイントはなんであったのか。いうまでもなくそれは宗教であった。

反ユダヤ主義と対決するユダヤ人団体「誹謗反対連盟《アンタイ・ディファメーション・リーグ》」は、フィラデルフィア市内の医科大学数校が過去に実施してきた合否判定の内情について調査活動を続けてきた。

そして一九五七年四月に公表されたその調査結果は、「宗教が合否判定の際に及ぼす影響力は、学部在籍中の学業成績、課外活動の実績、父親の職業など、その他すべての要素を超越した威力を持っている」と結論づけている。

「望ましいユダヤ人」と「望ましからざるユダヤ人」

二〇世紀前半のアメリカの大学に在籍したユダヤ人学生は、異なるふたつの集団に分かれていた。ひとつは一九世紀中葉から一八八〇年頃までに来住し、すでにアメリカ社会に十分同化していた裕福なドイツ系ユダヤ人家庭の子弟で、彼らの多くは、ネイティブ白人プロテスタント系中産層の子弟と同様、プレップ・スクールを卒業したあと、同様の目的で大学に進学していた。

いまひとつは世紀転換期に来住した東欧系ユダヤ移民の第二世代で、数的に当時のユダヤ人学生の大部分を占めていた。彼らの多くは「ユダヤ的特質」を色濃く残した正統派ユダヤ教徒の家庭で育ち、大学教育を貧しい移民集住地区から脱出するための手段とみなしていた。

当時の大学関係者は、この両者を明確に区別していた。例えば一九二二年に、エール大学同窓会のある有力者は、母校が「望ましいユダヤ人」のみを選抜すべきであると提言している。彼が述べる「望ましいユダヤ人」とはドイツ系ユダヤ人のことであり、「望ましくないユダヤ人」とは東欧系ユダヤ移民のことであった。

クオータ・システムの主要な標的にされたのはユダヤ人のなかでも、実は東欧系ユダヤ人であったのだ。もっとも「名誉プロテスタント系白人」という地位を与えられていたはずのドイツ系ユダヤ人学生も、学園生活のなかで完全に受け入れられていたわけではなく、微妙な立場に置かれていたのである。

それでは、ドイツ系ユダヤ人の在学生や同窓生はクオータ・システム導入問題に対して、いかなる立場をとっていたのだろうか。彼らはネイティブ白人プロテスタント系学生集団と同様、東欧系ユダヤ人学生たちの貧しさ、その粗野なふるまい、そして何よりも競争を是とする価値観に当惑し、それがゆえに東欧系を疎んじていた。そして、多少の疑念を覚えながらも東欧系ユダヤ人に対するクオータ・システムの導入を黙認する傾向があった。

ふたつのユダヤ人集団が相互に連帯関係を持ち得なかったことは、大学内で強まりつつあったユダヤ人排斥の動きに対して、ユダヤ人側の結束を困難なものにしたばかりか、結果的にクオータ・システムの導入とその定着を許してしまったのである。

カトリック教徒と黒人に対する処遇

では当時のアメリカで、ユダヤ人以外の少数派集団に対して、大学はいかなる対応を示したのであろうか。

まず、ユダヤ人と同じく宗教的少数派であるカトリックは、もとよりキリスト教徒の範疇に属していることもあって、ワスプの側からみれば文化的にユダヤ人より脅威の少ない存在とみなされていた。そのためカトリック系の若者はハーバード、エール、プリンストンの名門「御三家」では入学の際に、ユダヤ人よりは「良い処遇」を受けることができた。「御三家」におけるカトリック学生の数はクオータ・システムが施行されたあとも漸増し続けていることから、彼らに対する排斥は、ユダヤ人学生に対するそれと比較してかなり弱いものだったと考えてよい。

大学当局の対応に差異を生み出したもうひとつの要因は、カトリック社会内部の教育に対する姿勢が分離の方向に向かっていたという事実である。つまり、アメリカの名門大学には、ユダヤ人学生の進出に比肩しうるほどカトリック学生の進出はみられなかったのである。カトリック社会はすでに一九世紀に、小学校から大学に至る彼ら独自の一貫した教育制度を作り上げ、一九三〇年の時点で、全米で一六二校ものカトリック系大学を擁し、一〇万五九二六人もの学生がそこで学んでいたからだ。

一方、これとは対照的に、一九四七年、マサチューセッツ州ウォルサムにブランダイス大学が創設される以前には、ラビ養成を目的とする小規模なユダヤ教神学大学を除けば、「ユダヤ系大学」はアメリカに存在しなかったのである。ユダヤ人社会は、自前の大学を創設する意志を持たず、既存の高水準の教育機関を「利用」する傾向にあったといえよう。

その背景には、たとえ「ユダヤ系大学」が存在していたとしても、それが既存の大学よりも研究と教育水準、社会的評価の面でも優れていなければ、そこに進学することを望まないユダヤ人側の根強い「一流志向」があったのである。

さて、人種的少数派である黒人に関していえば、彼らの高等教育への到達を阻んだ最大の障害となったのは、あまりにも低い彼らの経済的地位であった。また当時の黒人人口の大半が居住していた南部諸州では、高等教育機関での人種隔離が法制化されていたため、地元南部で学ぼうとする黒人学生はいわゆる「黒人大学」に進む以外に道はなかった。

一方、北部の「白人大学」に入学した黒人はまだ数的にもきわめて少なかったため、ワスプ側が脅威と感じるようなことはなかったのである。この時期「白人大学」内にいた黒人学生の存在は、無視あるいは隔離し得るほど数少ない存在だったから、大学当局にとって、入学選抜段階での黒人学生に対する排斥網を設置する必要は、ユダヤ人学生に対する場合と異なり、急務の課題とはなり得なかったのである。

統計的数値が物語るクオータ・システムの威力

クオータ・システムは入学を希望するユダヤ人の進路を実際、どの程度阻止したのであろう

	1935年度	1946年度	1946年度の開校数* カッコ内は調査対象校数
医学系	15.9%	12.7%	89 (67)
歯学系	28.2%	18.9%	45 (31)
薬学系	24.5%	15.1%	72 (38)
法学系	25.8%	11.1%	160 (77)

表2　プロッフェッショナル・スクールの新入生全体に占めるユダヤ人新入生の比率
"Jewish Student in American Universities," *American Jewish Year Book 5709* (Philadelphia, 1949), p.768; "Anti-Semitism is Factor in Professional School Totals," *American Jewish World*, Oct. 3. 1945. p.5.　より作成。
*の数値の中には合衆国だけではなく、カナダの学校も含まれている。

か。この問いに対しては、大学院レベルの専門職養成機関であるプロフェッショナル・スクールについて、ほぼ全米レベルで実施された同時代の統計的調査があり、それに依拠して答えを示すことができる。

表②は当時のプロフェッショナル・スクールのなかでも最も人気の高かった医学、薬学、歯学、法学系の四つの分野で、一九三五年から四六年のあいだに、新入生全体に占めるユダヤ人学生の比率が軒並み急減した事実をはっきりと示している。

このことは、この四つの専攻分野でこの時期、クオータ・システムが明らかに強化され、ユダヤ人の入学を拒んでいたことを物語っている。本書では、四つの専攻分野のすべてに検証を加えることは紙幅の都合上困難なため、他の分野に先駆けてクオータ・システムを確立し、同時に他の専攻分野にも波及効果を及ぼした医学系に対象を限定し、検討を進めてみたい。

タルムード学者から医師へ

その前に、いったい東欧系ユダヤ移民家庭出身の若者たちが何故、他のエスニック集団を凌駕する割合で、プロフェッショナル・スクールへの進学を希求するようになったのか、という問いにまず答えねばなるまい。

もともと彼らの父祖発祥の地、東欧のユダヤ人社会では、学問への熱望《アスピレーション》と学者への高い尊敬の念が歴史的に育まれてきた。東欧ユダヤ人社会のなかではタルムード（ユダヤ教律法と解説）学者ほど高い威信を持つ者はおらず、彼らが本国から持ち込んだこのような文化的伝統は、彼らがアメリカに生活基盤を築き上げたのちも強固に存続していたのである。

ただし、この文化的伝統は移民家庭が同化していくに従って、次第にそれらもアメリカ的変容を遂げていった。すなわち、東欧系ユダヤ移民の家庭で羨望の的となった新たな職業は、母国にいた時のような宗教的なタルムード学者ではなく、アメリカ社会で高いステータスを得ている世俗的な専門職へと変化していったのである。

夥しい数の東欧系ユダヤ移民一世が、自らの息子たちに可能なかぎり高い教育を与えることに最大の努力をはらい、いまだ幼い子供たちがいつの日にか、医師や弁護士になることを夢みるようになっていった。

そんな彼らのひとり、貧しい行商人が語った次の言葉は彼らの想いを代弁しているといっていいだろう。

「私は行商人であることに十分満足している。だが私の息子は学識があり、人々の尊敬を受ける弁護士にならなければならないのだ。私がここに立ち尽くしているのもまさにそのためなのである。時に私の足はひどく痛み、休みたくなる。私の息子は知識を身につけ大学に行かねばならないのだ」

こうした家庭の期待と支援を一身に担った移民第二世代の若者たちが学部卒業後、自営の専門職従事者になることをめざして、プロフェッショナル・スクールへ進学していったのである。大企業への就職が阻まれていた当時にあって、知的資質とある程度の経済的基盤に恵まれたユダヤ人の若者にとり、資格さえ取れば多数派集団側からの排斥にあう可能性が格段に少ない自営専門職につく道が、進むべき最善の進路だった。とりわけ、この国の専門職のなかでも最も高い収入と社会的尊敬を得ていた医師になることが、彼らの憧れの対象になっていたのである。

大恐慌の影響

聡明なユダヤの若者たちはこの憧れの職業につくために医科大学へと殺到しはじめた。そんな彼らの入学を阻止すべく一九二〇年代以後、医科大学の当局者が導入しはじめたのがクオー

年度	ユダヤ人の入学者数	調査に回答した学校数	一校当たり平均のユダヤ人の入学者数
1933	912	75	12.2
1934	836	74	11.3
1935	848	74	11.5
1936	617	72	8.6
1937	587	66	8.9
1938	327	52	6.3

表3　メディカル・スクール(総数77校)に入学を許されたユダヤ人学生
J.A. Goldberg, "Jews in the Medical Profession-A National Survey," *Jewish Social Studies* Vol.1 (1939), p.331; "Admission Policies of Medical Schools," *Rights: A D L Reports* Vol.2. No.1 Jan.-Feb., 1958. p.25.　より作成。

タ・システムだったのである。当局者たちは、自らが属するネイティブ白人プロテスタント中産階層が、これまで医師職で維持してきた独占的地位を守る手段として、ユダヤ人排斥網を設置したわけである。

排斥は大恐慌期に最も激化した。大恐慌による国民所得の減少が、本来医療を必要とする病人でさえ医師のもとから足を遠のかせたからである。減少した患者をめぐる医師間の争奪戦が高まるなか、その共倒れを防ぐため、全米医師会は一九三三年、全米の医科大学に対して入学定員の削減を求める圧力をかけた。

医科大学側もこの要求に応え、入学定員の削減を一九三四年以後、開戦直前の四〇年まで実施した。表③は一九三三年から三八年までの六年間の、当時国内に存在したすべての医科大学と医学部、七七校を対象にした調査結果で、入学を許されたユダヤ人学生の総数と一校当たりのユダヤ人の平均入学者数を示したものである。

定員削減開始の前年である一九三三年の数値を基準値にすれば、一校当たりの平均入学者数は三六年までに約三割減少し、三八年までに半減していることがわかる。

一方、同じ時期、全米の医科大学と医学部で削減された在籍学生総数はわずか五パーセントにすぎない。この事実は全米医師会が唱導した「削減政策」の矛先がもっぱらユダヤ人の入学志願者にのみ向けられていたことを示唆している。そして、この「狙い撃ち」は北東部の大都市に所在する医科大学において最も激しく行われた。

なかでもニューヨーク市のユダヤ人はその最大の犠牲者となった。その理由は、同市には全米ユダヤ人口の実に四割強が集中していながら、わずか五校の医科大学しかなく、その収容能力は全米の医科大学の新入生定員全体の八・七パーセントにすぎなかったからである。そのため限られた狭き門に厖大な数のユダヤ人入学志願者が殺到することになった。

結果的にニューヨーク市ではトップクラスの学問的資質の持ち主でさえ、ユダヤ人であるがために入学できないということも珍しくなかった。その最も顕著な実例は、一九七〇年にノーベル生理学医学賞を受賞したジュリアス・アクセルロッドであった。

彼は一九三三年にニューヨーク市立大学を卒業したあと、ある医科大学に出願したのだが、見事入学を拒絶されてしまった。これを機に彼は医学への道を断念し、専攻を薬理学へ変更したのであった。

ユダヤ人側の自助努力

ユダヤ人の入学志願者たちは合否判定の際、自分たちが不当に差別されているということにうすうす気づいていた。しかし、差別の存在を示す確たる証拠に欠けていたため、彼らのなかから現状に対して抗議の叫びをあげる者はなかなか現れなかった。彼らは少しでも合格の可能性を高めようと、ひたすら自助努力に努めたのであった。その第一の方法は併願校の数を増やすということだった。

例えば、一九二七年から二九年の三年間に医科大学を受験した全米の非ユダヤ人学生のひとり当たり平均出願件数は二・四校、二・一校、二・三校とほぼ一定であったのに対し、ユダヤ人学生の場合には五・二校、五・六校、七・〇校と増加していることは注目に値しよう。

彼らのもうひとつの自助努力が「空間的転進」であった。北東部の医科大学から入学を拒まれたその地域の大都市（なかでもニューヨーク市）出身のユダヤ人学生たちは当時、まだクォータ・システムが確立されていなかった中西部あるいは南部の医科大学への転進を試みたのである。例えば一九二八年の調査報告によれば、当時、中西部のインディアナ大学の医学部へ入学を志願した学生の実に六一パーセントを「ニューヨーク市出身者」が占めていたのである。

しかし、彼らの「転進」に伴い、中西部や南部の医科大学でもその「転進」を阻止する目的でクオータ・システムが連鎖的に導入されていった。それはやがて国境を越え、隣国カナダにまで及んだ。

一九三四年度、カナダには総数一〇校の医科大学があり、そこに在籍した学生の一割強がユダヤ人であり、そのうちのかなりの者がアメリカ出身者であった。例えばマニトバ大学の医学部では、一九三二年以前の平均入学者数六四人のうち、ユダヤ人は一八人以上にも達していた。だが、その後まもなくクオータ・システムが施行され、三六年にはユダヤ人の入学者数は九人になってしまった。

黒人校への進出と海外留学

ユダヤ人側の自助努力は単なる「空間的転進」にとどまらなかった。既存の「白人校」への入学を絶望視したユダヤ人のなかには、当時国内にわずか二校しかなかった黒人校に入学しようとする者さえ出てきた。ワシントン特別区にある黒人校ハワード大学の医学部に一九三五年、黒人の入学志願者数の実に二倍にもなるユダヤ人が志願票を提出したという事実は驚嘆に値する。また人種統合教育が当時、法的にも禁止されていたはずのテネシー州にある黒人校マハリー医科大学では、一九三〇年頃、毎年一五人から二五人のユダヤ人学生が入学志願票を提出していたという。彼らはたぶん、自分は「肌の白い黒人」であると人種を偽って志願したのであろう。

また医科大学がクオータ・システムを強化しはじめるにつれ、最も優秀なユダヤ人学生のなかにも医科大学受験を断念して、歯学系や薬学系に志望を変更する学生が続出した。ところが、彼らのこうした「転進」に伴って、歯学系、薬学系の大学や学部でも、クオータ・システムが迅速に強化されていったのである。

こうしてますます狭まる包囲網のなかにあって、ユダヤ人学生がとった自助努力のうちで最も注目に値する現象が、本章冒頭で紹介した海外留学で、それは一九二〇年代から顕在化し、三〇年代に本格化した。勉学の場を海外に選んだユダヤ人学生は同じ英語圏のスコットランドやイングランドのみならず、イタリア、スイスなどへ留学。そればかりか、ヨーロッパでも医学の中心地であったドイツやオーストリアでは、政府主導型の反ユダヤ主義がすでに激化していた三〇年代中葉においてさえ、五〇〇人近いアメリカ・ユダヤ人の若者たちが、医科大学で学んでいたのである。

ユダヤ人ではあったものの、アメリカの市民権を持った彼らを自国のユダヤ人と同じように大学から追放することは、さすがのナチス政権にもできなかったからである。

医科大学がユダヤ人排斥を緩和した理由

医科大学受験者の国際移動を引き起こすほど猛威をふるったクオータ・システムも、一九四〇年代末から五〇年代を転換期として、次第に衰退しはじめた。その背景には、医科大学への入学志願者の絶対数自体が急激に減ったという事実があった。

例えば、一九四八年に全米の医科大学に殺到した入学志願者の数と比較して、一九六〇年には半分弱にまで減少したのである。全米医科大学協会のある理事は、この状況について、医科大学のうちの何校かは「自校の入学定員枠を満たすために、文字通り樽の底まで（学生たちを）かき集めた」と表現している。医科大学側は「傑出した志願者の貯水池」のなかから入学者を選ぶという贅沢を行うことが、もはや不可能になったのである。

高等教育への進学率が急増した時期であったにもかかわらず、医科大学への入学志願者の数が何故半減してしまったのであろうか。その最大の理由は新しい学問の登場とその発展によって、若者たちの志向が大きく変化したことによるものだった。

戦中から戦後にかけて、アメリカでは原子力エネルギーを実用化するための新しい学問の分野が、政府の支援を受けて未曾有の発展を遂げていった。そのため、それまで医学系に集中していた多くの優秀な理科系の頭脳が、原子力エネルギーの持つ大きな可能性に魅せられ、物理学の諸分野に引き寄せられていったのである。

いわば物理学の誘惑の前にヒポクラテスは見捨てられたのである。そして、物理学をはじめとする諸科学の発展に伴い、科学者や技術者の社会的地位と収入もこの時期向上し、医師のそれと比べても遜色のないものになっていったのだった。

同時に企業側の雇傭政策の変化も見逃せない。従来のワスプ集団だけを供給源にしていたのでは確保しがたいほど、大量の理科系高学歴者の採用が必要になってきた大企業は、研究職やエンジニアを雇傭する際、厳格なユダヤ人排斥策を、この時期ゆるめざるを得なくなったのである。そのため、これまで大企業から締め出されていたためにもっぱら医科大学へ殺到し続けていた数多くのユダヤ人学生のなかからも、他の理科系の専攻分野に進学する若者が増大しはじめたのである。

以上、これまでの説明は、その原因考察の枠組みをあくまで医科大学に限定して詳述してきたものである。

ここまで医科大学のケースを見てきたわけであるが、一九四〇年代末から五〇年代にかけては、単に医科大学のみならず、国内の高等教育機関全体においてクオータ・システムが衰退した時期であった。それゆえ、次に高等教育機関全体という枠組みのなかで衰退の原因を論じていく必要があるだろう。

復員軍人学生集団が学園生活に与えた影響

一九四四年に制定された、いわゆる復員軍人援護法は、学生集団の質的構成を大幅に変えるものであった。この法のもとで学園に押し寄せた学生は世界中の戦場から生還した復員軍人たちで、彼らは戦前の典型的な学生たちと比べると、多くの点で対照的な集団であったからである。

彼らは年齢的に大人であったばかりか、コスモポリタン的な視野を身につけ、職業志向が強く、学園内での課外活動には関心が低かった。しかも彼らのなかには、戦前には大学に進学する余裕のなかった家庭の出身者も数多く含まれていた。授業料を免除し、生活費を給付するといった同法の手厚い特典を利用することによって、彼らの進学は初めて可能になったのである。

一九四九年の調査によれば、全米の大学に在籍していた学生の三分の二以上が復員軍人出身者であり、その比率は名門私立大学でも変わらなかった。

彼らが学園生活に与えた影響のなかでも最も重要な点は、人種的・宗教的差別意識に満ち満ちた学生友愛会が維持し続けてきた学生集団内の階層構造を破壊したことである。差別的な学生友愛会のあり方と、その活動に反対する一般学生側の抗議運動は大戦終結直後から始められたのだが、その担い手こそ復員軍人学生にほかならなかったのである。

この抗議運動は結果的に、ユダヤ人学生の処遇を改善する上で大きな役割を果たした。何故なら学生友愛会は、両大戦間の時期、各大学内でクオータ・システムの導入を大学当局に要求する運動の主要な担い手であったからである。それゆえ、復員軍人学生の大学への大量進出と、彼らによる学生友愛会への抗議運動は、クオータ・システムを衰退させるうえで、一定の効果を上げたといっていいだろう。

公正教育実施法とクオータ・システム撲滅運動

さらに、より直接的な原因となったのは、一九四八年に制定されたニューヨーク州の公正教育実施法であった。この法律は同州内にあるすべての高等教育機関に適用され、入学を求めるいかなる者に対してもその人種、宗教、皮膚の色のゆえに、これを排斥することを禁止しており、違反した教育機関に対しては、免税措置を取り消すなどの罰則規定も定めていた。この法はアメリカ史上、最初の公正教育実施法であり、他の州における同様の法律の制定を導く先駆的役割を果たした。

この法案の草稿を作成し、その制定に尽力したのは全国的なユダヤ人団体、アメリカ・ユダヤ委員会であったが、その活動と連動した形で、反ユダヤ主義と闘う全国的ユダヤ人団体「誹謗反対連盟」が、第二次世界大戦の直後から「クオータ・システム撲滅運動」を全国的に展開しはじめた。この運動はクオータ・システムの廃絶を求める最初の全国的な運動であり、その具体的要求の中心は、入学志願票の書式のなかから差別的な質問事項の削除を求めるものであった。

この運動のなかでも画期的な出来事は一九四九年一一月、「誹謗反対連盟」の後援のもと、全米一〇〇校以上の大学に在職する進歩的な大学当局者たちを一堂に会した大会が、シカゴで開催されたことであった。そこに集まった大学当局者たちが史上初めて、自校のクオータ・システムに対する自己点検を開始したのである。

最終的にこの大会が採択した決議とは、「すべての大学に対して、今後、学生の入学選抜に際して自校が行ってきた手続きを具体的に公表することを求めると同時に、その際に使用してきた差別的基準の廃止を実現するための計画書の提出を求める」というものであった。

この運動と公正教育実施法がもたらした具体的成果を明らかにすることは困難である。だが「誹謗反対連盟」の事務局に寄せられたクオータ・システムに関する苦情の件数が、一九四九年から五七年にかけて減少していったという事実。またこの間、全米二三州にある約八〇〇もの大学が、自校の入学志願票の書式から差別的質問事項を削除しはじめたという事実。以上のことから判断しても、この運動と公正教育実施法が相応の成果を収めたと考えて間違いないだろう。

第六章　公民権闘争に隠されたもうひとつの闘い

その陰で頻発したユダヤ教会堂爆破事件

狙われたユダヤ教会堂

一九五〇年代半ばから六〇年代にかけて、アメリカでは人種差別撤廃を求める公民権闘争が南部を中心に盛り上がりをみせていた。当時の南部で、黒人の活動家に対して凄まじいテロの嵐が吹き荒れていたことはよく知られている事実だ。実はこれと時を同じくして、ユダヤ教関連の諸施設に対する爆破行為が南部各地で頻発していたのだが、この事実についてはアメリカ史研究者のあいだでもほとんど知られていない。

しかし、その件数はかなり多く、公民権闘争に関連した爆破事件全体のなかでも無視しがたい割合で発生していたのである。

一例をあげれば、一九五四年六月一日から五八年一〇月一二日までのあいだに、南部全体で未遂も含め八三件もの爆破事件が発生したのだが、そのうちの七件までがユダヤ教諸施設に対するものであった。この七件（うち三件は未遂）はいずれも、差別撤廃を求める勢力とそれを阻止しようとする勢力が、激しくせめぎあっていた都市で発生している。表④（一八二～一八三ページ）は、未遂を含めて、公民権闘争期の南部で発生したユダヤ教諸施設爆破事件の被害状況を示した一覧表であるが、これを見れば、この時期南部で発生したユダヤ教会堂爆破事件に関する犯行の特色をほぼ把握することができるだろう。

まず、黒人教会の爆破とは異なり、人的被害がきわめて少ないという点である。多くの場合、犯行グループは人命まで奪い去ろうという意志を持たなかったばかりか、人命の保全について配慮がなされていることは明白である。爆破時刻をわざわざ人気のない時間帯に設定していることなどが何よりの証左となるだろう。

従って、犯行グループの主たる目的が、ユダヤ教諸施設に損傷を加えることによって人々を威嚇し、警告を発することにあったのだと思われる。この点で、同時代の黒人に向けられた凄まじい攻撃とは明らかに次元が異なっていたことは確かである。

確認できるもうひとつの特色は、狙われたユダヤ教施設の多くが、同じユダヤ教のなかでも改革派というセクトに属していた点である。

改革派はユダヤ教の諸派のなかでも最も世俗的な性格が強く、かつ社会・経済的に最も「エリート度の高い」ユダヤ人が集中する教派であった。もともと南部では、改革派以外のユダヤ教セクトはきわめて少なく、会衆組織全体の約四分の三が改革派によって占められていた。その理由は、南部では北東部や中西部と異なり、歴史的に労働者層に属するユダヤ人の数が少なく、ユダヤ人住民の多くが商店主、企業経営者、専門職従事者などであったからである。

改革派はユダヤ教の他の教派と比較すると、地域社会のさまざまな問題に対して、よりリベラルな立場から積極的に関与していく倫理的な使命感を、歴史的に保持してきていた。それゆ

	犯　　人	被　　害
	?	未遂 (6本のダイナマイトが仕掛けられる)
	?	未遂
	「南部連合地下連盟」を名乗る人物からの犯行声明あり	被害額3万ドル
	「南部連合地下連盟」を名乗る人物からの犯行声明あり	被害額6,000ドル
	「南部連合地下連盟」を名乗る人物からの犯行声明あり	小破、被害額不明
	?	未遂（外壁に54本のダイナマイトが仕掛けられる）
	「南部連合地下連盟」を名乗る人物からの犯行声明あり	推定被害額20万ドル
	ネオナチの構成員である17歳の白人ハーバード・ジャクソン	堂内にいた2人の信徒が負傷
	爆薬携帯中の2人の白人少年を会堂付近で逮捕	未遂
	爆薬携帯中の白人、ドナルド・ブランチを会堂付近で逮捕	未遂
	クー・クラックス・クランの構成員3人をFBIが逮捕	被害額2.5万ドル
	容疑者として、白人トーマス・タランツを逮捕	被害甚大、家屋半壊
	?	外壁に大きな被害

	発生日時	発生場所	会堂名称 (カッコ内は教派名等)
①	1957年11月11日 午前5時45分	ノースカロライナ州 シャーロット	Temple Beth El (改革派)
②	1958年2月9日 午前4時45分	ノースカロライナ州 ガストニア	Temple Emanuel (改革派)
③	1958年3月16日 午前2時30分	フロリダ州 マイアミ	Temple Beth El (正統派の付属学校)
④	1958年3月16日 午後8時7分	テネシー州 ナッシュビル	Jewish Community Center (教派不明)
⑤	1958年4月27日 午前0時頃	フロリダ州 ジャクソンビル	Jewish Community Center (教派不明)
⑥	1958年4月28日 早朝	アラバマ州 バーミングハム	Temple Beth El (保守派)
⑦	1958年10月12日 午前3時38分	ジョージア州 アトランタ	Hebrew Benevolent Congregation (改革派)
⑧	1960年3月25日	アラバマ州 ガスデン	Temple Beth El (改革派)
⑨	1962年1月	テキサス州 フォートワース	?
⑩	1962年4月28日	フロリダ州 マイアミ	Temple Anshe Emes (教派不明)
⑪	1967年9月18日	ミシシッピー州 ジャクソン	Temple Beth Israel (改革派)
⑫	1967年11月21日	ミシシッピー州 ジャクソン	⑪の会堂のラビ、ペリー・ヌスバウム(改革派の主管者)の自宅
⑬	1968年5月27日	ミシシッピー州 メリダン	Temple Beth Israel (改革派)

表4　合衆国南部における会堂の爆破事件と爆破未遂事件

え、ユダヤ教改革派の指導者たちのなかには、他の教派の指導者よりも人種差別撤廃を求める運動に力を尽くす者が多かったのだ。

爆破の実行犯たちが、ユダヤ教のなかでも特に改革派の諸施設を狙った理由は、このような改革派の姿勢にあった。

次に、爆破事件の具体的な形を探るために、表④のなかから全国的に世論の注目を集めた事件⑦を取り上げ、詳しくみていこう。

キング牧師の友として

一九五八年一〇月一二日午前三時三八分、アトランタ市北郊の閑静な住宅街ピーチツリー通りで、未明のしじまを破る爆発音が轟きわたった。「ヘブライ人博愛会衆《ヒブリュー・ベネヴォレント・コングリゲーション》」通称「テンプル」の会堂が何者かによって爆破されたのだ。その被害総額は推定二〇万ドルとされたが、幸いにも、堂内には誰もいなかったため、犠牲者は出なかった。

「テンプル」はアトランタ最古のユダヤ教会衆組織で、地元ユダヤ人社会のなかでも最も影響力のある人々が信徒団を形成しており、そのラビを長年にわたって務めてきたのがジェイコブ・ロスチャイルドであった。彼は自分の会堂が狙われた原因について「私があまりにも明白に公民権運動と提携してきたことによる」と語っている。

南部における反ユダヤ主義形成のメカニズムが、黒人問題と密接に結びついていたことはすでに第一章で指摘したとおりだが、公民権闘争期においても事情は変わらなかったのである。当時のアトランタで、公民権活動家として知れわたっていたロスチャイルドの言動をここでもう少しふり返ってみたい。

彼は一九四六年にこの町にラビとして赴任、その二年後には早くも黒人差別制度を批判する説教を始めた。それは連邦最高裁による歴史的判決――公立学校での人種隔離を違憲とする判決――が下される八年も前のことであった。

爆破されたアトランタのユダヤ教会堂「テンプル」

一九五五年、彼は地元アトランタの黒人教育者、モアハウス大学の学長ベンジャミン・メイズ博士を「テンプル」の午餐会に招待した。メイズは、人種差別の撤廃を求める有識者たちによる討論を目的にしたこの午餐会に、講演者のひとりとして招かれたのだった。これ以後、ロスチャイルドの「テンプル」はジョージア州で最初に人種統合を実現したユダヤ教会堂として知られるようになったのである。

彼はまたキング牧師とも、長年にわたって家族ぐるみの交流を続けた友人同士で、一九六四年、キング牧師がノーベル平和賞を受賞した際、その栄誉を称えるための晩餐会を立案。翌六五年に約一五〇〇人の招待客を一堂に会した晩餐会の開催に尽力し、その実行委員長も務めていた。

以上の経歴からもわかるように当時のジョージア州のユダヤ教の霊的指導者のなかで、ロスチャイルドほど人種統合を地域に根づかせるべく尽力した人物はほかにいなかったのである。

黒人の公民権を公然と擁護するロスチャイルドは、次第に人種差別主義者たちの攻撃の標的となり、彼とその妻は幾度となく不快な脅迫電話に苦しめられたのだった。

キング牧師のノーベル賞受賞記念晩餐会でのジェイコブ・ロスチャイルド（左）とキング牧師

反ユダヤ主義者の思考回路

ロスチャイルドの「テンプル」を爆破した事件の容疑者として五人の白人男性が一九五八年一〇月一七日に起訴されたが、彼らはいずれも過去に逮捕歴のある男たちだった。五人のうちの四人は「ユダヤ人の根絶」を活動目標に掲げる反ユダヤ主義的右翼組織に所属または関係していた。彼らのひとりは五八年五月、ロスチャイルドがアトランタ市内の黒人教会を訪問し、そこで説教を行ったことを知るや、「あのユダヤ人を絞め殺す」と知人にもらしてもいた。

陪審員たちは五人の容疑者がいずれも有罪だとうすうす感じ取っていた。しかし、山ほどある証拠はいずれも決め手に欠ける情況証拠であり、それに基づいて、極刑の可能性をもはらむ有罪の評決を下すことはついにできなかった。結局、容疑者は全員、無罪放免となってしまった。検察側は彼らを有罪に追い込むに足る十分な証拠をついに提示することができなかったのである。

この五人のように、反ユダヤ主義的な破壊活動に走った者たちは、公民権闘争とユダヤ人との関わりをどのように認識していたのであろうか。

実は彼らは、客観的な事実に基づいて行動したのではなく、ステレオタイプや妄想につき動かされているだけだったといってよい。非現実的な彼らの思考回路にあっては、ユダヤ人、全国黒人地位向上協会、連邦最高裁そして共産主義者、この四つのカテゴリーは互換可能な存在であり、これらすべてが一緒になって南部の「雑種化」をめざす陰謀を企てていると考えていたのである。

当時の反ユダヤ主義者が作成した小冊子類のなかには「人種隔離撤廃は白人種と黒人種を雑種化させることによって、白人の支配的地位を奪い取ろうとするユダヤ人の陰謀である」というレトリックが満ちあふれていた。

彼らは、人種差別体制に挑戦するための思想的基盤を身につけた若くて優秀な黒人知識層が台頭してきた事実に、ほとんど気づくことがなかった。だから彼らは黒人が社会変革のための運動を組織する能力など持ち合わせているはずもないと勝手に決めつけて、公民権闘争の背後には黒人ではない「別の黒幕」が存在していると考えていたのである。

レオ・フランク・シンドロームの終焉

では、アトランタをはじめとする南部諸都市で発生した一連のユダヤ教会堂爆破事件を、一般の地域住民はどのように受けとめていたのであろうか。大方の予想に反して、少なからぬ地域住民がユダヤ人社会に対し、同情の念を表明し、援助の手さえ差しのべていたのである。

同じアトランタで約四〇年前に発生したレオ・フランク事件の際に、ユダヤ人攻撃の担い手たちが広範な地域住民側から歓呼の声をもって迎えられたという事実は、第一章でふれたとおりだ。しかし、一九五八年の段階になると、かなりの数の地域住民たちがむしろ、反ユダヤ主義的な破壊行為の実行者を強く非難するようになっていたのである。すでに一九五〇年代末の南部では、過激な反ユダヤ主義的暴力行為は地域社会のなかで、幅広い支持が得られぬ突出した行動とみなされるようになっていたということである。

このように、五八年以後に発生した一連のユダヤ教会堂爆破事件は、皮肉にもレオ・フランク事件が生み出した恐怖の残響、レオ・フランク・シンドロームの消滅を告げる役割を担ったといえるだろう。

それではいったい、レオ・フランク事件が起こった四〇年前とは異なり、一九五八年のアトランタで、ユダヤ人を攻撃するという行為が地域社会の広範な支持を得られなくなってしまったのは何故だろうか。

五八年当時のアトランタは、ニューオリンズ、マイアミと並んで、南部で最も経済的ダイナミズムにあふれ、また最もコスモポリタン的性格を備えた都市へと変貌しつつあり、世界中の主要都市とのあいだを結ぶ国際線の旅客機が週に五〇〇便も行き来するような都市に成長し、かつてない勢いで人と物の移動が活発になっていた。

人口の流動化が進んだ結果、市の住民のなかで南部生まれの住民が占める割合が、北部出身者の占める割合よりもすでに低くなっていた。またエスニック構成という点でも、同市は多様化の一路をたどっていたのである。例えば市人口約五四万人のうち、実に一万三〇〇〇人近くものユダヤ人を擁していたほか、レバノン系やギリシア系などの白人系マイノリティー集団、そして相当数の成熟した黒人中産階層住民をかかえる都市になっていたのである。

かつて二〇世紀初めに市の白人人口の多数を占めていた、農民的出自を残したネイティブ白人プロテスタント系の住民——その多くは南部バプテスト派の信者で宗教的ファンダメンタリスト——により構成された同質的な地域社会は、五八年時のアトランタではすでに消滅に向かいつつあったのだ。

これに代わって他の土地からやってきた、教育程度の高い、それゆえに人種的にも宗教的にもより寛容な新しいタイプの住民が増えていったこと。このことがレオ・フランク事件当時と大きく異なる地域社会側の反応を生み出した最大の要因であったと考えて間違いないであろう。アトランタで生じつつあった以上のような変貌は、程度の差こそあれ、ユダヤ教会堂爆破事件が発生した他の南部主要都市でも、確実に進展していたはずである。

臆病な友人

では一般的に、人種問題に対する南部ユダヤ人の立場はいったいどのようなものであったのだろうか。

この点に関しては、同時代に実施された世論調査によって、南部の白人キリスト教徒よりはリベラルではあるものの、そのリベラル度は北部ユダヤ人ほど強くはない、という結果がすでに確認されている。

同じ南部に住みながら、ユダヤ人のほうが白人キリスト教徒よりも人種問題に関してよりリベラルな態度を持ち得た原因はどこにあったのか。それはまず集団としての南部ユダヤ人が周囲の隣人たちに比べて教育程度が高く、全国的なマスメディアに接する機会の多い都市居住者の割合が高かったこと。と同時に、外国出身者や北部からの移住者を多数含むコスモポリタン的集団であったこと。それゆえ南部の伝統的価値観とは異質の価値観を持った住民の比率が高かったから、といっていいだろう。

しかし、またある社会学者の調査によれば、南部のユダヤ人は彼らと同じ程度の学歴、経済的地位を有する南部の白人キリスト教徒と比べた場合でも、明らかに人種問題に関してより一層リベラルな態度を示していた事実が確認されている。

この事実の背景には指摘するまでもなく、彼らが過去の歴史のなかで味わってきた鮮烈な迫害体験があるからであろう。祖先たちが受けた迫害の記憶が、彼らに黒人に対する特殊な親近感や同情心を抱かせる背景になっていたと考えて間違いない。

このように人種問題に関して、よりリベラルな態度をとってきた一般の南部ユダヤ人たちは、公民権闘争に対してはいかなる立場に身を置いていたのだろうか。黒人とともに闘う勇気ある友人であったのか。それとも黒人活動家の隠れた敵であったのか。あるいは同情を感じながらも公然とは援助の手を差しのべることができない臆病な友人であったのか。強いて単純化すればの話だが、大方の南部ユダヤ人は、このうちの第三の立場をとっていたと考えてよい。研究者アレン・クラウスも「南部ユダヤ人の約七五パーセントが第三の立場に立っていた」と推測している。

実際、南部ユダヤ人の大半は、黒人に加えられる侮辱に心を痛め、人種隔離は自らの宗教的良心にそむくものであると感じていた。しかし、そうした見解を公式の場で表明しようという勇気ある者は少なく、またそういった信念に基づいて行動した者はさらに少なかった。

勇気ある友人

黒人とともに闘った勇気ある南部ユダヤ人は、実は南部の伝統にあまり染まっていない「第一世代の南部人」である場合が多かった。

そんな人物の代表として、まずハリー・ゴールデンの名があげられる。

東欧系ユダヤ移民の二世として一九〇二年、ニューヨークで生まれた彼は大恐慌のさなか、ノースカロライナ州シャーロットに移り住んだ。新聞の求人広告欄に掲載された仕事に応募するためであった。

ジャーナリスト志望の青年であった彼は、一九四一年に週刊新聞「カロライナのイスラエル人」の創刊にこぎつけ、その全盛期には三万人もの定期購読者を獲得するまでに育て上げた。さらにその後彼は、日本でも翻訳・出版された作品『ニューヨークの裏町――ユダヤ人の笑いと涙』（佐藤亮一訳・文建書房）などをはじめとするベストセラー作家として、あるいは地元ユダヤ人社会の代弁者として多彩な活動を続ける一方、公民権闘争への献身と支援を惜しまない人物として知られるようになった。

そのため彼は、地元のＫＫＫから目の敵とされるようになり、一九五七年一一月、彼が事務局長としてその運営に深く関与していたユダヤ教会堂も爆破未遂（表④の①）という憂き目にあったのだった。

ゴールデンの事例に象徴されるように、公民権闘争に貢献し、黒人側からも評価されていた南部ユダヤ人の大半は、実は北部（カナダを含む）出身者であり、自分の代に初めて南部へ移住してきたユダヤ人であった。

公民権闘争に対して、南部のラビたちの大半が説教壇上からときおり道徳的支持を語る以上のことをなし得なかった当時にあって、ジェイコブ・ロスチャイルドを筆頭とする七人の改革派のラビたちは、公民権闘争へのその真摯な貢献ぶりを評価され、当時心ある人々から「勇気あるラビたち」と称えられていた。彼らをはじめ、「勇気ある」ユダヤ人たちには、北部出身者が多いという共通点があった。

第二の共通点は、彼らの多くが青年期に北部の高等教育機関で学んでいること。なかでもその大半が、シンシナチにあるユダヤ教改革派のラビ養成機関、ヒブリュー・ユニオン・カレッジを修了している点である。さらに南部に赴任する以前に、北部のユダヤ教会堂でラビ補やラビを務めた者、あるいは両大戦中に従軍ラビとして海外の戦場に行き、その視野と知見を広める機会を得ていた者も少なくない。

実際、この従軍体験の持つ意味は大きかったと思われる。例えばロスチャイルドの場合、彼が一九四二年一二月以降、ガダルカナル島の戦場で主管していたユダヤ教の礼拝には、多くのキリスト教徒の兵士も参加していた。戦場という極限状況に置かれていた兵士たちは、自らの魂を勇気づけるために、つかの間の平安を得ることに無上の喜びを感じていたはずである。彼らにとって、自分たちがキリスト教徒でありユダヤ教徒ではないのだということなど、取るに足りない問題にすぎなかったのだろう。彼らはただひたすら祈りの場を求めていたのである。この時の経験によってロスチャイルドは、より緊急性のある事態に直面した時、人間にとって宗教上の相違などほとんど意味をなさないということを、理屈ではなく現実の体験を通して理解したのである。

それでは、改革派のラビたちを公民権闘争の支援へと走らせた原動力はどのようなものであったのだろうか。それは恐らくユダヤ教改革派のなかにとりわけ強く内在していた「社会的正義の実現」を望み求めるリベラルな姿勢にあったのだろう。特に第二次世界大戦以後、人種問題に揺れる南部では、改革派に属するラビたちのあいだで、最も緊急を要する「社会的正義の実現」とは、人種的平等の実現にほかならなかったからである。

もちろん、この時期の南部の改革派のラビたちが果たした役割を過大視することは慎まなければならない。公民権闘争にかかわった人々全体を眺めた場合、彼らはあくまで、人種的平等を求める闘いの陣営にあって、比較的脆弱な一翼を担っていたにすぎなかったからである。

公民権闘争の先鋒を務めた北部ユダヤ人社会

先鋭的な一部のラビを除けば、平均的な南部ユダヤ人は黒人に対して心の奥底では同情を感じながらも、積極的に支援することにはしりごみし続けた「臆病な友人」であったことはすでに述べたとおりである。この南部ユダヤ人が示した臆病な対応ぶりは、北部ユダヤ人のとった対応と比べると、より一層明らかになる。

それでは次に、北部ユダヤ人の対応ぶりを歴史的にたどってみよう。

北部在住のラビ、リチャード・ハーツが一九六四年、「我々は新参者ではない。我々は公民権を求めるレースの、そもそもの出発点から参加していたのだ」と豪語したごとく、北部ユダヤ人社会は公民権を求める黒人たちの闘いの歴史のなかで、常にその先鋒役を務めてきた。事実、公民権闘争の前史をひもとけば、北部ユダヤ人社会が古くから黒人たちの闘いの強力な支援者であり続けたことがわかるだろう。

最古の黒人公民権団体「全国黒人地位向上協会」の理事長職に一九一四年就任したのは、ニューヨーク出身のユダヤ人、コロンビア大学の名誉教授でもあったジョエル・スピンガーンであった。そして当時、同協会の理事のなかにはユダヤ教改革派の指導的ラビ、スティーブン・ワイズや、金融界の大立者ジェイコブ・シフなど、ユダヤ人社会の錚々《そうそう》たる指導者たちが名を連ねていた。

また南部農村地帯から北部へ続々と移住しはじめていた多数の黒人たちを支援するために、一九一一年、ニューヨークに創設された史上二番目に古い公民権団体「全国都市同盟」の設立に際し、主要な資金提供者になったのも実は北部ユダヤ人たちだったのである。

黒人の敵はユダヤ人の敵

このように、北部ユダヤ人社会が古くから黒人の公民権闘争を支援し続けてきた理由はどこにあったのだろうか。それは、アメリカのような多人種多民族国家にあっては、原理的にすべてのマイノリティーの権利が保障されない限り、個々のマイノリティー集団の立場も決して安泰なものにはならないからである。

さらに、ユダヤ人と黒人というふたつの集団の相互関係という視点に立てば、黒人の敵である白人優越主義者は同時に、ユダヤ人にとっても共通の敵であったという歴史的事情を指摘しておかねばなるまい。ナッシュビル市のユダヤ教改革派のラビ、ウィリアム・シルヴァーマンはいみじくも「我々は黒人に対する攻撃というものが、ユダヤ人に対する攻撃のまぎれもない前兆であるということを肝に銘じておかなければならない」と語っている。

一方「黒人の敵はユダヤ人の敵でもある」という基本認識は、黒人指導者側も明確に抱いていた。ミシシッピー州の黒人指導者エアロン・ヘンリーはこう語っている。

「我々の陣営には当然のことながらユダヤ人たちが味方してくれていると考える。何故なら、ユダヤ人の敵は我々が敵対しているものと同じ集団であることが、判明しているからだ」

ユダヤ人法曹団が果たした役割

公民権闘争の過程で、北部ユダヤ人社会が行った支援のなかで特に重要であったのが、ユダヤ人法曹団による支援であった。人種統合を実現するために可決された公民権関連法案の多くは、実は全国的ユダヤ人団体の事務局で、そこに所属するユダヤ人顧問弁護士団の手によって草稿が作成され、ユダヤ人議員の手で連邦議会に提出されたものであった。さらに、公民権にかかわる数百の法廷闘争で、訴えを起こした黒人の原告のために弁護を買って出たのも、その多くがユダヤ人の弁護士であった。

また、その割合を正確に特定することは難しいが、ある推定によれば、一九六〇年代のミシシッピー州で活動していた北部出身の、公民権闘争推進派のボランティア弁護士の約九割までがユダヤ人であったといわれている。同州の黒人たちが彼らと知り合い、信頼を寄せるようになるにつれ、黒人たちのあいだで「北部出身のユダヤ人弁護士」という言葉は、困難に直面した際に援助の手を差しのべてくれる、頼もしい人物を意味するようになっていった。

公民権闘争の殉教者

身の危険さえ伴う闘争の現場で、それを底辺で支えていたボランティア学生活動家のなかにも、北部ユダヤ人が、その人口比をはるかに上回る割合で参加していた。

一九六一年の五月から秋にかけて、交通機関での人種隔離撤廃を実現するために、南部諸州を長距離バスで巡行した、いわゆるフリーダム・ライド――「自由のための乗車運動」にも多くの白人が北部から参加。その最も低い見積りでも、彼らのうちの約三割がユダヤ人であったと推定されている。

また一九六四年には「ミシシッピー夏期自由計画《フリーダム・サマー》」が催され、学生層を中心に約一二〇〇人のボランティア活動家が動員されたが、その三分の一から二分の一はユダヤ人であった。そこで彼らは身の危険をも顧みず、地元の黒人住民に有権者登録をするよう促し、黒人児童のための教育活動に従事した。

そんななか、彼らの献身ぶりと支払った犠牲の大きさを象徴するような悲劇的事件が、六四年六月二一日、ミシシッピー州フィラデルフィアの町はずれで発生した。それは三人の公民権活動家、マイケル・シュワナー、アンドリュー・グッドマン、ジェームズ・チェイニーの失踪殺害事件である。三人のうち、前二者はニューヨーク州出身のユダヤ人で、チェイニーは地元の黒人活動家であった。

この日、三人はささいな「スピード違反」で逮捕された。じきに留置場から釈放された三人を待ち伏せし、町はずれの田舎道で殺害した犯人はＫＫＫの一団で、三人の遺体は八月四日、ようやく情報提供者の密告によって発見された。容疑者として逮捕された七人のＫＫＫの団員は一九六七年一〇月、連邦公民権法違反の罪で有罪とされたが、犯人たちは「ミシシッピーの生活様式を守るために」三人を殺したと、その動機を陳述している。いわばシュワナーとグッドマンは「黒人びいきのユダヤの小僧《ジューボーイ》」として殺されたのである。実際、この惨劇の約一か月前、地元の黒人教会で「自由のための集会《フリーダム・ミーティング》」を開催するよう黒人住民に呼びかけていたシュワ

殺害された三人の公民権活動家
左から、アンドリュー・グッドマン、ジェームズ・チェイニー、マイケル・シュワナー

ナーを指さし、現場に押し寄せた白人暴徒たちは「あの黒人びいきのユダヤ人共産主義野郎を、この土地から追い出せ」と口々に叫んでいたという。

三人の失踪と六週間後の遺体発見のニュースは全米の注目を集めたばかりか、国際的にも大きな反響を呼んだ。しかも、地元警察がこの殺人に深く関与していた証拠があがると、犠牲者に対する世論の同情はいやがうえにも高まり、一九六五年の投票権法案を通過させる促進剤になったともいわれている。

少数派のなかの少数派・南部ユダヤ人

これまで見てきたように、公民権闘争の大義を実現させるために、闘争の現場で黒人とともに闘った「勇気あるユダヤ人」の大半は、実は学生層を中心とする北部出身者であったが、それではもともと南部を生活の場にしていたユダヤ人の大半が何故、積極的な役割を果たせなかったのであろうか。この点を説明するためには、何よりも南部ユダヤ人が南部で置かれていたその存在形態に着目して考える必要があるだろう。

ユダヤ人人口が住民全体のなかで無視しがたい比率で存在していた北部の大都市と異なり、南部のユダヤ人は全人口のわずか〇・五パーセントにすぎなかった。

このように数的にきわめて劣勢な集団であったということは、常にその安全を脅かされる集団であることをも意味する。それゆえ、南部ユダヤ人たちは北部ユダヤ人と比べて、現実の、あるいは想像上の反ユダヤ主義に対して、より神経質にならざるを得なかったのである。

とりわけ、南部ユダヤ人の大半は商店主、もしくは自営の専門職従事者であったから、その生活の糧を得るためには、顧客である近隣住民の善意に依存せざるを得ない弱い立場に置かれていた。彼らは自らの「不用意な発言」によって、自分たちの経済的基盤がボイコットなどの危険にさらされることを、何よりも恐れていたのである。だから、白人と黒人の双方からなる近隣住民の顧客が、自分たちのことをどのような目で見ているのか、極度に神経過敏にならざるを得なかったのである。

公民権闘争に対する大方の南部ユダヤ人が示した、どっちつかずの臆病ともいえる態度は、一方で白人の顧客から受ける圧力、他方で黒人顧客による圧力、その双方に同時に堪えていかなければならなかった彼らの、苦悩の選択の表明とみなすことができるだろう。

エピローグ　反ユダヤ主義は死なず

クラウン・ハイツ暴動

ニューヨーク市ブルックリン区、クラウン・ハイツ地区は別名「ルバビッチ派の都」と呼ばれている。それは全米に暮らす約二〇万人の厳格正統派《ハシッド》ユダヤ教徒のなかでも、数世紀前から続く習俗や、宗教的規律を今も最も頑なに守り続ける分派、ルバビッチ派の信徒二万人が集住している地区だからである。

ホロコーストを生き残った彼らは第二次世界大戦後まもなく、東欧からこの地に集団で移り住み、独自の信仰共同体を築き上げてきたのだった。その後、この地区に貧しい黒人が数多くやってきて、ルバビッチ派のユダヤ人たちと居住区を共有するようになった。

この国では、低所得の黒人が近隣居住区に移転してくると、白人の住民が彼らを嫌って、郊外の住宅地へこぞって移転するという現象は普通に見られることであった。ところが、ルバビッチ派の人々は以前より治安の悪くなったこの地区に、黒人を恐れるそぶりもみせず、何事もなかったかのように住み続けていたのである。それは、現代社会に対する、妥協の余地のない分離主義的生き方のゆえであった。つまり彼らは自分たちの信仰共同体、霊的世界の外の出来事に関して、まったくといっていいほど関心を持たなかったからである。

ユダヤ人と黒人、その両者がほとんど交流を持たずに共存してきたこの地区で、一九九一年八月一九日、アメリカ史上、ユダヤ人に向けられた黒人による集団的暴力行為のなかでも、最悪ともいえる事件が発生したのだ。事件の発端は不幸な交通事故であった。

この日の夕刻、ルババビッチ派のラビとその随行者たちが数台の車を連ねて、墓参りに出かけた。出発してまもなく、一行の最後尾を走っていた車が先行車両に遅れまいと、無理に赤信号を渡ろうとして加速した矢先のことだった。運転をあやまり歩道に乗り上げ、七歳の黒人少年を轢《ひ》き殺《ころ》し、同じ歳の黒人少女に重傷を負わせてしまったのである。

この車を運転していたヨセフ・リフシュは、自分が轢いた子供たちを助けようと車外へ飛び降りた。とその途端、現場に居合わせた黒人たちが彼に襲いかかり、その所持する金品を奪いさった。さらに現場に警官が到着するまで、リフシュに殴る蹴るの暴行を加え続けたのだ。

かけつけた警官はそれを見て、リフシュの身柄を守るため、まず最初に現場に到着した救急車に彼を乗せ連れさるよう指示してしまったのである。これは警察の大失態であった。リフシュの車の真下にいた血みどろの二人の子供の救出こそ最優先にすべきことだったからである。「ユダヤ人を優先させた」この処置は、現場に集まってきた黒人たちの怒りの火に油をそそぐ結果になり、彼らが暴徒と化すまでにさほど時間はかからなかった。たまたま現場近くを通り過ぎようとしたユダヤ人ヤンケル・ローゼンバウムに、いきなり約二〇人の若い黒人たちが襲いかかったのだ。彼らは口々に「ユダヤ人を殺せ」と叫びながら殴りかかると、「ユダヤ人に轢き殺された黒人少年の死の報復」とばかり、ついに彼を刃物で刺し、死に至らしめてしまったのである。

ローゼンバウムは、ユダヤ人史の研究のためニューヨーク市に留学していたオーストラリア出身の青年だった。彼自身も厳格正統派のユダヤ教徒で、あの独特な黒い帽子をかぶっていたから、暴徒たちに容易にユダヤ人であると識別されてしまったのだ。

ローゼンバウム殺害のあとも、三日三晩にわたって黒人たちは路上の車や建物に火を放ち、商店を襲撃、略奪を繰り返した。秩序を取り戻すよう現場に説得に訪れた、黒人のニューヨーク市長ディヴィッド・ディンキンズに対してさえ石が投げられ、罵声が浴びせられた。

結局、この暴動を鎮圧するため一五〇〇名の警官隊が投入されたが、主にユダヤ人からなる三八人の住民が負傷した。そして注目すべきことは、この暴動のさなか、多くの黒人暴徒が口々に、「俺たちはヒトラーの生まれ変わりだ！」「今度は黒人のヒトラーが現れるぞ！」といった反ユダヤ的スローガンを叫んでいたことである。これはユダヤ人をユダヤ人であるがゆえに襲い、近隣居住区から追い払おうという意志を示したものだったからだ。

実際この暴動は、公民権闘争期に培われた黒人とユダヤ人との蜜月ともいえる同盟関係を知る者にとって、大変衝撃的な事件であった。かつての同盟関係はいったい何故、わずか四半世紀後に苦々しい敵対関係へと変わり果ててしまったのだろうか。

暴動の予兆、ジェフリーズ教授の講演

この暴動を生み出した原因はまぎれもなく「黒人の反ユダヤ主義」であった。その蔓延ぶりを裏づける統計的データがここにある。

それは一九九二年に誹謗反対連盟《アンタイ・ディファメーション・リーグ》が実施した世論調査の結果で、これによると「強度の反ユダヤ主義的見解を抱く」と分類された黒人は黒人全体の三七パーセント、白人は白人全体の一七パーセントであった。つまり、筋金入りの反ユダヤ主義者と分類された黒人の割合が、白人のそれの二倍強にも達していたのだ。

第二次世界大戦後、かつて反ユダヤ主義の中心的存在であった白人労働者層が、その反ユダヤ主義を一貫して減退させていったのとは対照的に、黒人は二〇世紀後半のアメリカにおいて、反ユダヤ主義の度合いを高めている唯一のエスニック集団となったのである。「黒人の反ユダヤ主義」がいかに根深く黒人社会に浸透しているかを如実に示す象徴的な事件が、実はこの暴動の一か月前に発生していたのだ。それは一九九一年七月二〇日、ニューヨーク州の州都オーバニーで開催された州政府主催の黒人文化芸術祭での講演に端を発するものであった。

二時間に及ぶこの講演のなかで、古くは奴隷貿易のことから、近年ではハリウッド映画のなかでの黒人の否定的な描かれ方の話に至るまで、実にさまざまな事象に関する「ユダヤ人の陰

謀」が非難されたのである。例えば奴隷貿易についてはこうだ。

「ユダヤ人の富は、黒人に対する暴力的征服を通じて蓄積されたものである。ユダヤ人は他のいかなるエスニック集団より多く、新大陸に黒人奴隷を連行することに力を貸したのである」といった、耳を疑うような発言がこの講演の基調をなすものだったのである。

この荒唐無稽な講演を行った人物レナード・ジェフリーズは、コロンビア大学で博士号を取得し、ニューヨーク市立大学アフロ・アメリカン学科の主任教授を務める、れっきとした歴史学者で、自身も黒人であった。

この講演に対して、奴隷貿易に関与した人々のなかにユダヤ人はわずか二パーセントしかいなかったという史実を指摘しながら、ジェフリーズによる恥ずべき史料の曲解を非難したハーバード大学のヘンリー・ゲイツ教授のように、抗議の声をあげた黒人知識人もいることはいた。だが、多くの黒人大衆はジェフリーズ教授のことを偉大な英知の持ち主、不当な非難の矢面に立たされた自分たちの英雄として崇敬の念さえ抱いていたのである。

「教授が言っていることは真実だよ。史料に裏打ちされているんだ」と、彼の講演に出席したある黒人の聴衆は、真顔でそう断言してはばからなかった。

州政府が主催した公共の場を利用して、特定のエスニック集団を誹謗した彼の講演に対し、一般のマスメディアは八月の第一週を通して、こぞって激しい非難の矢を浴びせた。しかし注目すべきことは「アムステルダム・ニュース」のような伝統ある代表的黒人紙や、WLIBのような黒人ラジオ局がジェフリーズの「学識を認める」という声明を発表し、ジェフリーズ擁護の旗のもとに黒人たちを糾合させてしまったことである。

さらに主流派の黒人指導者たちも、その多くがジェフリーズ擁護にまわるか、もしくは沈黙を守った。例えばニューヨーク州議会に議席を占める一六人の黒人議員のうち、誰ひとりとして非難の意志を表す抗議書に署名しようとする者はいなかったのである。

絶望的な富の格差

ジェフリーズの講演内容には史実としての根拠が乏しかった。にもかかわらず少なからぬ黒人大衆が彼の発言を熱烈に支持し、賞賛の声さえ送ったのである。彼らが、被害妄想としか思えないジェフリーズの陰謀論を真に受けてしまう背景には、スラムに取り残された黒人たちの絶望的状況があることは間違いない。貧困、失業、教育の欠如、家庭の崩壊など黒人社会が抱える深刻な問題は、時とともにますます悪化の一途をたどっている。

とりわけこれらの問題の根本にあるのは、貧困の問題である。公民権闘争のさなか、果たされるべき約束として掲げられた黒人社会と白人社会の富の格差の解消は、闘争終了後三〇年以上たった今でも、一向に縮まる気配さえみせていない。そのことに黒人たちは強い苛立ちを感じ続けてきたのである。では、黒人たちの怨嗟《えんさ》の声が白人社会全体に対してではなく、特にユダヤ人社会に向けられた原因はどこにあるのだろうか。

それは、総人口のわずか二・五パーセントにすぎないユダヤ人社会が、全米で最も裕福な四〇〇人の大富豪の実に二六パーセントを占めている現実にほかならない。かたや黒人社会は人口の約一二パーセントを占めていながら、この国の富のごくわずかを所有しているにすぎず、両者のあいだには、とても同じ国の国民だとは思えないほど絶望的な富の格差が存在しているのである。この富の格差に対する激しい憤りや苛立ちが、被害妄想的ともいえる「陰謀論」を真に受けてしまう素地になっているのだろう。「ひと握りのユダヤ人が比類なき富を蓄積している現実によって、自分たちの貧困が生み出された」と黒人たちは考えたのである。

もちろん「黒人の反ユダヤ主義」を生み出した背景は、富の格差だけで説明できるほど単純なものではない。そこで今度は、公民権闘争が終了する一九六〇年代中頃から八〇年代へ至るまでの、両者の関係史をひもといてみることにしよう。

苦くて甘い出会い

一九六〇年代中期以前の黒人とユダヤ人との関係を象徴する表現として「苦くて甘い出会い」という言葉がしばしば使用されてきた。同時代の黒人とユダヤ人以外の白人との関係が苦苦しい敵意と不信によって規定されていたまさにその時、黒人とユダヤ人が友好と敵意が同時に存在するアンビバレントな関係にあったことを、この言葉はうまく言い当てている。

このうちの「甘い出会い」というのは前章で述べたように、北部ユダヤ人のエリート層が黒人の公民権闘争に対して果たしてきた、多大なる支援を通じて生まれた両者の同盟関係をさしている。この同盟関係のなかで二〇世紀前半には、黒人がアメリカ社会で成功するためには、ユダヤ人の長所、その「民族的団結心」「高い自尊心」「ビジネス上の手腕」などを学ばねばならぬといった主張——ユダヤ人を一種の「役割《ロール》モデル」として仰ぐ主張さえ、主流派の黒人指導者のあいだで盛んにもてはやされるようになっていたのである。

一方「苦い出会い」とはなんだったのか。それは第一次世界大戦期から始まった「北部移住《エクソダス》」によって、南部農村から夥しい数の黒人が北部大都市にある移民集住地区に移り住んだ結果、生じたものであった。移住先で黒人たちが出会ったのは、公民権闘争に尽力してくれたエリート層のユダヤ人とはまったく別のタイプのユダヤ人だったのである。

それは、自身の経済的基盤を築くことにのみ専念し、弱者をかえりみるゆとりなどないユダヤ移民たちであった。行商人や被服産業労働者から身をおこした彼らのなかから、商才にたけ小売商店主として成功する者も数多く現れたのだ。それればかりではなく、移民集住地区の不動産に積極的に投資して、一代のうちに低所得者向け集合住宅の家主となる者も少なからず登場していた。

つまり、そこで築かれたユダヤ人と黒人の関係は、家主と低所得の借家人、小売商店主と生活必需品でさえクレジットで購入せざるを得ないほど貧しい顧客、主婦と家事労働者として雇われたメイド、といった搾取、被搾取の関係にほかならなかったのである。

このような関係にあれば家主、店主、主婦の側の個人的性格がどのようなものであれ、借家人や顧客やメイドとのあいだに、緊張と紛争の種子がまかれていくのは当然のことだったろう。そしてその緊張と紛争の種子がやがて芽を出し、反ユダヤ主義へと転化するのは時間の問題であった。「苦くて甘い出会い」だったはずの両者の関係が「苦々しいだけの出会い」へと変化していくのが、次に記すことになる一九六〇年代中期以後のことであった。

ブラック・ナショナリズムの台頭と「学校危機」

公民権闘争を指導したキング牧師をはじめとする主流派黒人指導者の考えは、黒人だけの解放運動には限界があり、北部ユダヤ人に代表されるリベラルな白人たちとの幅広い連帯が必要である、というものであった。だが、六〇年代中葉以降、これを真っ向から否定する考え方が急速に台頭しはじめた。

それは、黒人は自分たち以外の者に頼るべきではなく、自力で解放を達成せねばならない、リベラルな白人との連帯など幻想にすぎない、という考え方であった。教育程度が高く、ミリタントな若い黒人指導者たちが唱えはじめた排他主義的な思想、いわゆるブラック・ナショナリズムの台頭であった。

これ以後、黒人社会には若年の知識層を中心に反白人色、反政府色が急速に広がっていく。彼らがこの思想に惹かれていった理由は、公民権闘争の頂点で提示された約束は裏切られたと感じたからにほかならない。つまり、自分たちの生活を目に見える形で改善してくれるであろうと期待した六四年の公民権法、六五年の投票権法の制定が、実際には期待したほどの変化をもたらすものではないとわかった時、それに失望した多くの黒人が一斉に、ブラック・ナショナリズムの指導者のもとに集まっていったのである。

指導者たちはこれまで自分たちの進出が妨げられてきた政界、公職、教職の各分野で、自分たちが直接権力を握ることこそ急務であると主張しはじめた。彼らの要求のなかでユダヤ人社会との関係を最も損なう結果をまねいたのが、「黒人居住区の学校運営は黒人の教師が行う」という要求であった。

このことはユダヤ人社会にとっては大変な脅威となった。何故なら、一九六〇年代初めのニューヨーク市内の公立学校を例にとるなら、教師の五〇パーセント、校長クラスにいたってはその大半をユダヤ人が占めていたからである。

かくしてこの要求は、一九六六年から六八年にかけて、同市内の黒人集住地区でいわゆる「学校危機《スクール・クライシス》」を引き起こした。それは黒人地区で住民の選挙によって選ばれた黒人の教育委員会が、あるユダヤ人教師を解雇したことから始まった。

これを機に身分保障を求めるユダヤ人の教員組合と黒人教員の採用を求める地域住民との対立が激化し、黒人生徒の親たちは「ユダヤ人は敵だ」などと書いたプラカードを掲げ、デモ行進し、敵意をあらわにしたのである。

「学校危機」がユダヤ人側に与えた衝撃は大きく、「黒人の反ユダヤ主義」に対抗していくための新たな自衛組織「ユダヤ防衛連盟《ジューイッシュ・ディフェンス・リーグ》」が六八年九月、ブルックリン区で結成されたほどであった。また「黒人の反ユダヤ主義」をいわば野放し状態にしている弱腰の民主党リベラル派に対する失望感から、ニューディール期以後、長らく続いた伝統的な民主党支持をやめ、共和党支持へ鞍替えするユダヤ人も急増したのだった。

アファーマティブ・アクション

続く一九七〇年代に、黒人とユダヤ人両者の関係修復を妨げる新たな火種となったものは、黒人側から出されたアファーマティブ・アクション（積極的差別是正措置）実施の要求だった。それは大学入試、政府、自治体や企業への就職や昇進の際、その成績や能力のいかんにかかわらず、全人口に占める黒人の人口比率分だけ黒人の優先的採用を求める要求であった。長い間、歴史的に蓄積されてきた差別を早急に解消するためには、黒人に対する優先措置が必要である、というのが黒人側のいい分であった。

ここで黒人側が求めたものは、いわば「結果の平等」であり、これに対してユダヤ人やその他のリベラルな白人たちが望んでいたのは「機会の平等」だった。

雑誌「タイム」の表紙に描かれた「黒人とユダヤ人の対立」

かつて平等な競争の場に出場することさえ許されていなかった黒人たちに「機会の平等」を保障することで、高等教育機関や専門職、公職などへ、自分たちの努力によって進出することをユダヤ人側も望んでいたのである。

本書の第五章でみてきたように、クオータ・システムによる障害を自力で乗り越え、各界にめざましい進出を遂げてきたユダヤ人にとって、はなから優先枠を求める黒人の姿勢は、甘え以外の何ものにも映らなかったのだろう。「真の平等とは何か」という問題をめぐり、両者の考え方は根本的に違っていたのである。さらに両者の対立の背景には理念上の対立だけではなく、現実的な利害の対立もあった。

つまり、全人口の二・五パーセントにすぎないユダヤ人は、その人口比を大幅に超える人材を各界に供給しており、もしアファーマティブ・アクションが完全な形で実施されれば、彼らがこれまで自助努力によって手に入れてきた地位を明け渡さねばならなくなるからである。目下のところアファーマティブ・アクションは、差別を受けてきた有色人種への優先措置として適用されているだけで、各界におけるユダヤ人の比率を二・五パーセントまで引き下げろという要求にはなっていない。しかし、アファーマティブ・アクションの思想のなかには、そうした要求にまで発展しかねない要素が内包されており、ユダヤ人にとって戦後最大の脅威であることには変わりないのである。

ジェシー・ジャクソンの反ユダヤ的発言

一九七〇年代以後、黒人とユダヤ人の関係を悪化させたもうひとつの背景には、黒人指導者たちが反ユダヤ主義を政治的に利用しはじめたことがあげられる。彼らは反ユダヤ的発言をすることで黒人大衆の注目と支持が集められることを発見し、大衆動員の手法として反ユダヤ的発言を繰り返すようになったからだ。

例えば当時、若手指導者のひとりであったジェシー・ジャクソンは一九七〇年代を通じて、自分の支持者に向かって反ユダヤ的発言を繰り返してきた。彼が八〇年代になって、全米屈指の黒人指導者の地位にまで登りつめることができたのも、反ユダヤ的発言を利用した彼の手法にあずかることが大きかったのではないか。

ジャクソンは一九八四年の大統領選挙で、黒人として史上初の民主党大統領候補の指名獲得をめざし、予備選挙に出馬した。この選挙戦のさなかにも、彼は七〇年代以来の「お家芸」を披露した。それは八四年二月、彼が公式の場で、ニューヨーク市のことを「ハイミータウン」と呼んだことである。

「ハイミー」というのはユダヤ人に対する蔑称であり、ジャクソンはこの失言をあわてて謝罪はしたものの、大半のユダヤ人有権者はそれを許すことも忘れることもなかった。ユダヤ人はこれ以後、「黒人の希望の星」ジャクソンを信用しなくなり、支持も控えるようになった。

ユダヤ人社会の反発は買ったものの、この選挙戦はジャクソンにとって十分な成功といえるものになった。何故なら、自分たちの代表が初めてこの国の最高権力者の座につくかもしれないという期待と興奮を、奴隷の子孫であるアメリカの黒人大衆に与えることができ、敗れはしたものの、黒人票の結集に成功、民主党候補として第三位の集票能力を示すことができたからである。

この「ハイミー発言」の際に、精力的にジャクソンを擁護したのは黒人イスラム教団ネイション・オブ・イスラムの最高指導者ルイス・ファラカーン師であった。かつては黒人社会内部での自助努力と、白人社会からの分離を唱えていたこの教団も八〇年代以後、その強い反ユダヤ的発言で世間の注目を集めるようになった。この教団の第二の指導者ハリド・アブドル・ムハマド師は一九九三年一一月末、ある大学での講演で「ユダヤ人は黒人社会の吸血鬼であり、ホワイトハウスを支配し、(通貨当局である)連邦準備制度理事会を掌中に収め、舞台裏で国政を操っている」と演説し、物議をかもしている。

このムハマド師やファラカーン師の反ユダヤ的発言は、今なお大都市ゲットーに住む多くの若い黒人たちの心をとらえているため、今後のユダヤ人と黒人の関係に、さらなる悪影響を及ぼしかねないと懸念されてもいる。

和解の道を模索して

悪化した黒人とユダヤ人の関係を和解へと導くための努力は、「対話」を続けている一部の学生や知識人をのぞいて、今のところほとんどなされていない。黒人の知識人のなかにも「黒人の反ユダヤ主義」を憂慮している人たちもいるが、彼らが鳴らす警鐘に耳を傾ける黒人は少ない。

黒人社会屈指の指導者ジャクソンは最近でこそ、両者の和解のために努力する姿勢を見せはじめてはいるものの、ファラカーン師との親交は依然として維持しており、ユダヤ人側の不安感を拭い去ったとはとてもいえない。もしこのまま和解が進展せず、両者の関係がさらに悪化の一途をたどるようなことになれば、黒人とユダヤ人にとって共通の敵であるはずのKKKやネオナチなど、人種差別勢力の復活や台頭を許す結果になりかねない。仮にそのような事態が到来してしまったら、幾多の尊い人命の犠牲を払いながら達成した公民権闘争の成果さえ失うようなことになりかねないのではなかろうか。

そういった意味でも両者の和解は、アメリカが人種的にも宗教的にも真に寛容な社会であり続けることを保障するために、この国が今後とも取り組まねばならないきわめて重要な国民的課題だといえよう。

このような危機意識にかられたアメリカ・ユダヤ委員会が一九八〇年代中頃から取り組みはじめた、和解を求める地道な努力が「ユダヤ人学生と黒人学生の対話」である。そしてこの「対話」の場は、次代の指導者となるべき学生を対象に、全米の約五〇の主要大学で開催されてきた。参加者はこの「対話」の場で、自分のルーツ、アイデンティティー、さらに胸の奥に深くしまい込んできた自分とその家族が被ってきた反ユダヤ主義と黒人差別のトラウマ体験をひとりひとり、全員の前で隠すことなく赤裸々に語らなければならないのである。

こうした作業を通じて学生たちは、互いが被ってきた反ユダヤ主義、あるいは黒人差別についてより深い理解が得られるようになる。そして彼らは、反ユダヤ主義と黒人差別が類似性を持っていること、それゆえに反ユダヤ主義者と黒人差別主義者は双方にとって共通の敵であること、それらに対決していくためには互いが同盟者になることの必要性を理解できるようになっていくのである。

啓蒙活動と意識改革の必要性についてはピュリツァー賞を受賞したジャーナリスト、ジョナサン・カウフマンも指摘しているところだ。

彼によれば、「これまでの歴史では、ユダヤ人と黒人双方の利害に関わる、例えばアファーマティブ・アクションのような懸案事項についてはおおむね、ユダヤ人側が譲歩する形で黒人側の利益を優先させてきた。それゆえ今度は、黒人側もイスラエル支援に寄せるユダヤ人側の想いや反ユダヤ主義に対するユダヤ人側の不安を理解するよう努めなければならない」ということである。

実際、ユダヤ人とは苦難と迫害の長い歴史を背負った特異な集団であり、それだからこそ、最後の避難所としてのイスラエルの生存を強く求め、反ユダヤ主義に対しては過去の歴史体験に根ざした強い不安感を抱く人々なのである。

一方、ユダヤ人側にも反省すべき点はある。

実はユダヤ人といえども他の多くの白人と同様、アメリカという国で黒人であるということがどのようなことであるのか、十分理解しているとはいえないからである。つまり黒人たちが被ってきた差別の深さを過小評価しているのだ。政府の見解はともあれ、黒人の生活実感としては今も制度化された差別が残存しているからである。

和解を実現していくためには、啓蒙活動や意識改革だけではもちろん不十分である。政治的次元での戦術も必要であろう。

和解の行方を左右する鍵は、排他的なブラック・ナショナリストと、ユダヤ人やその他のリベラルな白人との連帯を求める「人種の壁を乗り越えた」黒人指導者とが、黒人社会の内部で繰り広げている主導権争いの結果にかかっているともいえる。

ユダヤ人側としては「人種の壁を乗り越えた」黒人指導者と手を携えながら、ブラック・ナショナリストの影響力を封じ込めていく以外に戦術はないだろう。

最終的には法的規制も検討の対象になるかもしれない。人種的憎悪を煽り、エスニック・コンフリクトを激化させる行為を規制する法律を制定することにより「職業的反ユダヤ主義者」と化した一部のブラック・ナショナリストの講演活動を封じ込めることは可能であろう。

この点ではアメリカは、隣国カナダの先例に範を求めるべきかもしれない。一九九四年、トロント大学で講演を予定していたハリド・ムハマド師の入国を、カナダ政府は、民族対立に基づく犯罪を禁じる同国の法律を犯す恐れがあるとの理由で拒否しているからである。

あとがき

ユダヤ人とは、地球上で最も創造的な諸価値を生み出した類稀なエスニック集団であり、同時に、その長い歴史を通じて比類ない迫害を受け続けた集団でもあった。

人類の歴史に光と闇があるとすれば、彼らの歴史はその両面において最も際立った歴史であったといえよう。換言すれば、ユダヤ人史は、人類の生の営みの崇高さと悲惨さをその両極において最も象徴的な形で体現する歴史であったといえるのである。ここにユダヤ人史研究の尽きせぬ魅力があり、それが筆者がこの研究テーマに惹かれた理由でもある。

彼らが生み出した創造的な諸価値のうち、ビジネス面での創造的能力については、すでに昨年、PHP新書の一冊、『アメリカ・ユダヤ人の経済力』のなかでそれをとりあげ、彼らの経済的成功を生み出した原因考察として世に問うことができた。

そして今回、ユダヤ人史研究のもうひとつの根元的な問い、「何故迫害されるのか」について、筆者は現代アメリカをその舞台として選び、反ユダヤ主義の成り立ちの解明を本書のなかで追究しようとしたのである。

本書の執筆にあたり、特に留意した点は、一般読者にとってリーダブルな読み物となるよう、アメリカ史のなかでも最もドラマチックな展開をみせた反ユダヤ主義的事件・現象を素材に選んだこと、また可能な限り、時代のイメージ、雰囲気を読者に伝えるよう配慮したことである。

使用した文献のうち、巻末には、邦語文献は全て列挙したが、一般読者には入手困難な一次史料、外国語文献については大幅に割愛したのも、啓蒙書としての性格を最優先したからに他ならない。

一橋大学大学院時代のふたりの恩師、本田創造先生と油井大三郎先生のおふたりには、叙述編である本書のベースとなった史料・考察編を将来、一冊の学術論文集として世に問うことをここで約束することでおゆるしをいただきたい。またこの場を借りて、両先生の学恩には深く感謝の言葉を申し上げる次第である。

末尾になってしまったが、本書を完成へと導いて下さった集英社新書編集部の方々、そして渡辺浩成氏にもお礼を申し上げる次第である。

二〇〇〇年　七月

植木の里、安行の寓居にて

佐藤唯行

参考文献

［プロローグ］

下村由一編『マイノリティと近代史』彩流社、1996年、14頁

阿部謹也『中世の窓から』朝日新聞社、1981年、254-258頁

佐藤唯行『英国ユダヤ人』講談社、1995年、235-238頁

佐藤唯行「アメリカユダヤ人の世界」『歴史学研究』581号（1988年6月）、40-52頁

C. McWilliams, *A Mask for Privilege: Anti-Semitism in America* (Boston, 1948), pp.48, 118f.

L. Dinnerstein, *Anti-Semitism in America* (N.Y., 1994), pp.7f, 10, 17, 23f.

J. Higham, *Send These to Me: Jews and Other Immigrants in Urban America* (N.Y., 1975), pp.142f, 178.

本間長世『ユダヤ系アメリカ人』ＰＨＰ研究所、1998年、52、55頁

H. Green, *Mosaic: Jewish Life in Florida* (Miami, 1991), p.10.

D. Elazar, *Community and Polity: Organizational Dynamics of American Jewry* (Philadelphia, 1995), pp.91, 93.

［第一章］

ジョージア州立文書館所蔵　John M. Slaton 文書等、詳しくは佐藤唯行「合衆国南部ジョージア州におけるユダヤ人攻撃の展開」『一橋研究』10巻4号（1986年）、129-159頁

R.S. Frey, *Silent and Damned: Murder of Mary Phagan and Lynching of Leo Frank* (N.Y., 1988), p.162.

N. Maclean, "Leo Frank Case Reconsidered: Gender and Sexual Politics in the Making of Reactionary Populism," *Journal of American History* Vol.78 (1991), pp.921f, 930-933.

［第二章］

G. Sorin, *Tradition Transformed: Jewish Experience in America* (Baltimore, 1997), p.101.

R. Klayman, *First Jew: Prejudice & Politics in An American Community* (Malden, Mass., 1985), pp.21, 103.

F. Comparato, *Chronicle of Genius and Folly: R. Hoe & Company* (Culver City, CA., 1979), pp.581, 587.

J.R. Marcus, *United States Jewry 1776–1985.* Vol.3 (Detroit, 1993), pp.153f.
A.R. Heinze, *Adapting to Abundance: Jewish Immigrants, Mass Consumption* (N.Y., 1990), p.196.
L. Dinnerstein, "Funeral of Rabbi Jacob Joseph," in D. Gerber ed., *Anti-Semitism in American History* (Chicago, 1986), pp.275–301.
野村達朗『フロンティアと摩天楼』講談社、1989年、92–93頁
H. Grinstein, *A Short History of Jews in the United States* (London, 1980), pp.142f.

［第三章］

The International Jew: Reprint of A Series of Articles Appearing in the Dearborn Independent (Dearborn, 1920–1922), 4Vols.
A. Lee, *Henry Ford and the Jews* (N.Y., 1980), Passim.
L.P. Ribuffo, "Henry Ford and International Jew," *American Jewish History* Vol.69 (1980), pp.437–477.
Anon, "Aaron L. Sapiro: man who sued Henry Ford," *Western States Jewish Historical Quarterly* Vol.13 (1981), pp.309f.
E. Black, "Anti-Ford Boycott," *Midstream* (January 1986), p.40.
R. Wik, *Henry Ford and Grass-Roots America* (Ann Arbor, 1973), p.178.
N. Cohn, *Warrant for Genocide* (Ann Arbor, 1981), pp.158, 162–164.
R.A. Rockaway, *Jews of Detroit from the Beginning, 1762–1914* (Detroit, 1986), p.132.
I. Melamed, "Reaction to the Anti-Semitism of Henry Ford," Term Paper submitted to Hebrew Union College, American Jewish Archives, Small Collections.
有賀貞『アメリカ史概論』東京大学出版会、1987年、257–260頁

［第四章］

佐藤唯行「甦る儀式殺人告発―1928年、マシーナでの事件」『獨協大学英語研究』49号（1998年８月）、103–117頁

［第五章］

佐藤唯行「合衆国の高等教育機関におけるユダヤ人排斥」『西洋史学』（日

本西洋史学会編）172号（1994年３月）、33-50頁
ローラ・フュルミ『亡命の現代史２』みすず書房、1972年、222頁

［第六章］
佐藤唯行「公民権闘争期南部のユダヤ人―会堂爆破事件を生み出した背景」『獨協大学英語研究』45号（1996年８月）、91-114頁

［エピローグ］
J. Belcover-Shalin, *New World Hasidim* (N.Y., 1995), pp.9, 211.
L. Dinnerstein, *Anti-Semitism in America*, pp.210, 212, 219, 222, 231, 318.
P. Gourevitch, "Crown Heights Riot & Its Aftermath," *Commentary* Vol.95 (January 1993), pp.29-31, 35.
P. Gourevitch, "Jeffries Affair," *Commentary* Vol.93 (March, 1992), p.35.
M. Friedman, *What went Wrong?: Creation & Collapse of the Black-Jewish Alliance* (N.Y., 1995), pp.2, 4, 347.
R. Singh, *The Farrakhan Phenomenon* (Washington, 1997), pp.58, 163.
C. Brown, *Face to Face: Black Jewish Campus Dialogues* (N.Y., 1987), pp.1, 9, 17.
J. Kaufman, *Broken Alliance: Turbulent Times Between Blacks and Jews in America* (N.Y., 1998), pp.274f.
N. Glazer & D. Moynihan, *Beyond the Melting Pot* (Cambridge, 1963), pp.78, 146, 160, 163.
A. Meier, *Negro thought in America 1880-1915* (Ann Arbor, 1966), pp.105, 249.
S. Hertzberg, *Strangers within the Gate City* (Philadelphia, 1978), p.197.
「再び火を噴く人種対立」「ニューズ・ウィーク」1991年９月12日、37頁
上坂昇『アメリカ黒人のジレンマ』明石書店、1987年、198、199、202頁
宮本倫好『アメリカの「内なる国境」』サンケイ出版、1979年、78、79頁
フローラ・ルイス「海外コラムニストの目」「毎日新聞」1994年５月26日朝刊

図版出典一覧

21ページ　Allon Schoener, *American Jewish Album* (N.Y., 1983), p.160. © American Jewish Historical Society.

26ページ　Ibid., p.V. © American Jewish Historical Society.

32ページ　*The Tennessean* Mar. 7. 1982. Photo by Nancy Warnecke.

34ページ　*The Tennessean* Mar. 7. 1982. Drawing by Patt Mitchell.

39ページ　*The Tennessean* Mar. 7. 1982.

78ページ　Frank E. Comparato, *Chronicles of Genius and Folly* (Culver City CA., 1979), p.XVI

102ページ　二松堂書店の広告

106ページ　Sidney Bolkosky, *Harmony & Dissonance: Voices of Jewish Identity in Detroit, 1914-1967* (Wayne State Univ. Press, Detroit, 1991) p.195. Photo; The Rabbi Leo M. Franklin Archives of Temple Beth El.

127ページ　Heinz Schreckenberg, *Jews in Christian Art: An Illustrated History* (N.Y., 1996), p.278.　ハルトマン・シェーデル作の『世界年代記』(1493年、ニュルンベルクで出版) 所収の木版画

138ページ　Saul S. Friedman, *The Incident at Massena* (Stein&Day, N.Y., 1978) p.XII

156ページ　*Rhode Island Jewish Historical Note*, Vol.8 No.3. 1981. (1920 年代末のブラウン大学学生雑誌所載の風刺画)

185ページ　*Atlanta Jewish Times* Feb. 19. 1988.

186ページ　Janice Rothschild Blumberg, *One Voice: Rabbi Jacob M. Rothschild and the Troubled South* (Mercer Univ. Press, Macon, GA., 1985)

200ページ　FBIのポスター (Jack Salzman, *Bridges and Boundaries: African Americans and American Jews* 〈N.Y., 1992〉 p.223.)

215ページ　「タイム」1969年１月31日号

佐藤唯行（さとう　ただゆき）

一九五五年、東京都生まれ。一橋大学大学院社会学研究科博士課程単位取得。日本学術振興会特別研究員を経て、現在、獨協大学外国語学部教授、国立民族学博物館共同研究員。専門は、アメリカ及びイギリスの人種関係史、特にユダヤ人問題に詳しい。著書に『英国ユダヤ人』（講談社選書メチエ）、『アメリカ・ユダヤ人の経済力』（ＰＨＰ新書）、『アメリカ経済のユダヤ・パワー』（ダイヤモンド社）など。

集英社新書〇〇四七D

アメリカのユダヤ人《じん》迫《はく》害《がい》史《し》

二〇〇〇年八月二二日　第一刷発行
二〇一一年四月　六　日　第一〇刷発行

著者……佐藤《さとう》唯行《ただゆき》
発行者……樋口尚也
発行所……株式会社集英社
東京都千代田区一ツ橋二―五―一〇　郵便番号一〇一―八〇五〇
電話　〇三―三二三〇―六三九一（編集部）
〇三―三二三〇―六〇八〇（読者係）
〇三―三二三〇―六三九三（販売部）書店専用

装幀……原　研哉
印刷所……凸版印刷株式会社
製本所……加藤製本株式会社

定価はカバーに表示してあります。

© Sato Tadayuki 2000

ISBN 978-4-08-720047-8 C0222

造本には十分注意しておりますが、乱丁・落丁（本のページ順序の間違いや抜け落ち）の場合はお取り替え致します。購入された書店名を明記して小社読者係宛にお送り下さい。送料は小社負担でお取り替え致します。但し、古書店で購入したものについてはお取り替え出来ません。なお、本書の一部あるいは全部を無断で複写・複製することは、法律で認められた場合を除き、著作権の侵害となります。また、業者など、読者本人以外による本書のデジタル化は、いかなる場合でも一切認められませんので、ご注意下さい。

Printed in Japan

a pilot of wisdom

集英社新書　好評既刊

歴史・地理——D

日本人の魂の原郷 沖縄久高島　比嘉康雄
沖縄の旅・アブチラガマと轟《とどろき》の壕　石原昌家
アメリカのユダヤ人迫害史　佐藤唯行
怪傑！ 大久保彦左衛門　百瀬明治
ヒロシマ――壁に残された伝言　井上恭介
英仏百年戦争　佐藤賢一
死刑執行人サンソン　安達正勝
パレスチナ紛争史　横田勇人
ヒエログリフを愉しむ　近藤二郎
僕の叔父さん 網野善彦　中沢新一
勘定奉行 荻原重秀の生涯　村井淳志
沖縄を撃つ！　花村萬月
反米大陸　伊藤千尋
大名屋敷の謎　安藤優一郎
陸海軍戦史に学ぶ 負ける組織と日本人　藤井非三四
在日一世の記憶　小熊英二 姜尚中 編

名士の系譜 日本養子伝　新井えり
知っておきたいアメリカ意外史　杉田米行
長崎グラバー邸 父子二代　山口由美
江戸・東京 下町の歳時記　荒井修
愛と欲望のフランス王列伝　八幡和郎
日本人の坐り方　矢田部英正
江戸っ子の意地　安藤優一郎
人と森の物語　池内紀
ローマ人に学ぶ　本村凌二
北朝鮮で考えたこと　テッサ・モーリス-スズキ
ツタンカーメン 少年王の謎　河合望
司馬遼太郎が描かなかった幕末　一坂太郎
絶景鉄道 地図の旅　今尾恵介
縄文人からの伝言　岡村道雄
14歳〈フォーティーン〉満州開拓村からの帰還　澤地久枝
日本とドイツ ふたつの「戦後」　熊谷徹
江戸の経済事件簿 地獄の沙汰も金次第　赤坂治績

a pilot of wisdom

集英社新書　好評既刊

爆笑問題と考える　いじめという怪物
太田 光／NHK「探検バクモン」取材班　0691-B
いじめはなぜ起きてしまうのか。爆笑問題が現場取材し、尾木ママたちとも徹底討論、その深層を探る。

水玉の履歴書
草間彌生　0692-F
美術界に君臨する女王がこれまでに発してきた数々の言葉から自らの闘いの軌跡と人生哲学を語った一冊。

武術と医術　人を活かすメソッド
甲野善紀／小池弘人　0693-C
科学、医療、スポーツなどにおける一方的な「正当性」を懐疑し、人を活かすための多様なメソッドを提言。

宇宙は無数にあるのか
佐藤勝彦　0694-G
「この宇宙」は一つではなかった！　インフレーション理論の提唱者が「マルチバース」を巡る理論を解説。

TPP　黒い条約
中野剛志・編　0695-A
TPP参加は「主権」の投げ売りだ！　締結後の日本はどうなる？『TPP亡国論』著者らの最後の警鐘。

部長、その恋愛はセクハラです！
牟田和恵　0696-B
セクハラの大半はグレーゾーン。セクハラ問題の第一人者が、男性が陥りがちな勘違いの構図をあぶりだす。

風景は記憶の順にできていく　〈ノンフィクション〉
椎名 誠　0697-N
浦安、熱海、中野、神保町、浅草……。作家の原点となった街や町を再訪。記憶をたどるシーナ流〝心の旅〟。

不安が力になる―日本社会の希望
ジョン・キム　0698-C
成長至上主義から抜け出し、新たな価値観を手にしようとしている日本社会の可能性と課題について論じる。

名医が伝える漢方の知恵
丁 宗鐵　0699-I
「体質」を知れば道は拓ける。人生後半に花を咲かせるために何が必要か、漢方医学に基づいてアドバイス。

グラビア美少女の時代　〈ヴィジュアル版〉
細野晋司／鹿島 茂／濱野智史／山下敦弘ほか　030-V
ニッポン雑誌文化の極致「グラビア」の謎と魅力を徹底検証。歴史的写真の数々をオールカラーで収録！

既刊情報の詳細は集英社新書のホームページへ
http://shinsho.shueisha.co.jp/